Tolle Spiele für Kindergeburtstage

Ulrich Steen

Tolle Spiele für Kindergeburtstage

von 4 bis 10 Jahren

Bibliografische Information der Deutschen Bibliothek
Die Deutsche Bibliothek verzeichnet diese Publikation in der Deutschen Nationalbibliografie; detaillierte bibliografische Daten sind im Internet über http://dnb.ddb.de abrufbar.

in der Verlag Kreuz GmbH
Postfach 80 06 69, 70506 Stuttgart

www.urania-verlag.de

Umschlaggestaltung: Behrend & Buchholz, Hamburg
Titelfoto: Robert Manella/Getty Images
Produktion: Medienprojekte München
Layout, Satz: Medienprojekte München
Illustrationen: Nina Chen, Pulheim

Printed in Germany

ISBN 978-3-7831-6147-2

Inhalt

Kindergeburtstage feiern

Freunde einladen, Geschenke bekommen und gemeinsam einen wunderschönen, abwechslungsreichen und spannenden Nachmittag verbringen – kurzum einen wunderbar gelungenen Geburtstag feiern, das macht allen Kindern Spaß.
Ganz wichtig sind dabei natürlich auch die Spiele. Ob wild oder lustig, etwas zum Nachdenken oder für die Geschicklichkeit, alle Kinder lieben Spiele. Denn auf eine spielerische Art und Weise lernen Kinder die Welt kennen und ein Spiel, das ein Kind beherrscht, schenkt ihm Freude und Selbstvertrauen.

Spiele für Geburtstage

Aber was soll gespielt werden? Für viele Eltern, die ihren Kindern einen Geburtstag ausrichten, stellt sich diese Frage insgeheim meist als Erstes. Und ist oft schwieriger zu beantworten als die Überlegung, was gegessen und getrunken oder wer eingeladen werden soll.
Dieses Buch möchte Eltern bei der Frage helfen. Alle hier vorgestellten Spiele sind während zahlreicher Geburtstage erprobt und von Groß und Klein für absolut kindertauglich befunden worden.
Viel Wert wurde darauf gelegt, dass keines der Spiele langwierig oder kostspielig vorbereitet werden muss. Wenn überhaupt Utensilien benötigt werden, sind sie eigentlich in jedem Haushalt vorhanden und schnell zur Hand.
Ohne weitere Umstände ein Spiel aus dem Hut zu zaubern, kann einen Geburtstag retten. Etwa dann, wenn an einem strahlend blauen Himmel urplötzlich Gewitterwolken aufziehen, die Geburtstagsgesellschaft aus dem Garten ins Haus umzieht und alle fragen: „Was spielen wir jetzt?“
Eine Vielzahl von Spieleanregungen erwartet Sie in diesem Buch. Hier finden Sie garantiert das Richtige für jede Kindergruppe und jede Feier.

Ab wie viel Jahren richtig feiern?

Die Spielvorschläge in diesem Buch richten sich an Kinder ab vier Jahren. In diesem Alter kommen viele Kinder in den Kindergarten, sie fangen an, sich für andere Kinder zu interessieren und auch gemeinsam mit ihnen zu spielen, die ersten Freundschaften entstehen.
Das heißt natürlich nicht, dass man mit jüngeren Kindern noch keinen Geburtstag feiern kann. Allerdings

sind das dann Feiern, zu denen die Mütter mitkommen, weil sich ihre Kleinen allein noch fürchten und sie mit anderen Kindern auch noch nicht so viel anzufangen wissen. An Abzähl- oder Reiterspielen auf Mamas Schoß haben sie noch den größten Spaß und spielen auch gern für sich. Andere Kinder sind in diesem Alter eben noch nicht so spannend.

Einfache Spiele wie „Wer kommt in meine Arme?“, „Vierfüßler“ oder „Kettenkarussell“ kann man mit Dreijährigen aber schon probieren, am Ende des Buchs gibt es ein Kapitel, in dem sie erklärt werden.

Bevor es losgeht: den Geburtstag planen

Ob der Geburtstag wirklich rundum gelungen ist, das weiß man spätestens hinterher. Nämlich dann, wenn alle, die bei diesem Ereignis dabei waren, noch Tage, Wochen, Monate oder gar Jahre später in schönen Erinnerungen an dieses unvergessliche Erlebnis schwelgen.

Das A und O dafür ist eine gute Planung. Um sich schon bei der Vorbereitung unnötigen Stress zu ersparen, sollten Sie sich über eines im Klaren sein: Eine perfekte Planung gibt es nicht. Perfekt planen bedeutet, dass nichts anders abläuft, als Sie es sich vorher überlegt haben. Aber Kinder machen Erwachsenen dabei häufig einen Strich durch die Rechnung. Kinder sind impulsiv, sie genießen den Augenblick – und da sollten Sie als Erwachsener nicht versuchen, sie in ein allzu starres, auf die Minute genau ausgetüfteltes „Planungskorsett“ zu pressen.

Besser als eine perfekte Planung ist deshalb, flexibel zu bleiben. Dauert die Kuchentafel zehn Minuten länger, weil die Kinder gerade Spaß am „Stopp-Spiel“ haben? Kein Problem. Fängt es draußen plötzlich an zu regnen? Auch nicht schlimm, es gibt ja auch Spiele für drinnen. Fängt einer der kleinen Haudegen auf einmal an zu weinen, weil er bei seinem Lieblingsspiel nicht so recht zum Zuge kommt? Macht doch nichts, schließlich gibt es ja auch einen Trostpreis.

Und überhaupt: Es kommt darauf an, sich beim Spielen mit den anderen Kindern zu amüsieren und seinen Spaß zu haben. Immer der Beste sein zu wollen ist dabei doch viel zu anstrengend.

Die Vorbereitungen

Bei den Vorbereitungen des Geburtstages sollten Sie Ihr Kind beteiligen. Die erste Frage dabei ist natürlich: Wen lade ich ein? Kinder möchten gern möglichst alle Freunde und Bekannte, vielleicht sogar die ganze Schulklasse einladen. In der Praxis bewährt hat sich die Faustformel, so viele Kinder einzuladen wie Kerzen auf der Geburtstagstorte brennen. Na ja, wenn es dann ein oder zwei Kinder mehr sind, ist das ja schließlich auch noch überschaubar.

Der Vorteil dabei: Die Kleineren kann man dann noch ganz gut im Blick behalten, die älteren Kinder

sind schon selbstständiger und können auch aufeinander ein wenig acht geben.

Wenn die Gästeliste fertig ist, können sich ältere Kinder an das Schreiben der Einladungskarten machen, bei den Kleineren helfen Mama, Papa oder ältere Geschwister mit.

Der Fantasie bei der Gestaltung der Karten sind da keine Grenzen gesetzt. Dabei aber nicht vergessen, um eine rechtzeitige Antwort zu bitten. Etwa eine Woche vor dem Fest ist ideal. Dann kann in aller Ruhe alles für die Teilnehmer vorbereitet werden.

Bei einem größeren Kindergeburtstag sollten Sie auch überlegen, wer Ihnen bei den Vorbereitungen helfen kann: Wer holt Getränke und kauft ein? Väter übernehmen diese Aufgaben gern. Wer hilft beim Kindergeburtstag den Tisch zu decken, abzuwaschen, aufzuräumen, die Kinder zu betreuen? Die Oma hilft sicherlich gern oder vielleicht auch eine gute Freundin.

Essen und Trinken

Natürlich spielt auch das Essen eine wichtige Rolle. Eine liebevoll gedeckte Tafel mit Servietten, Kerzen, hübsch verzierten Platzkärtchen (auch wenn die Kinder noch nicht lesen können, freuen sie sich über diese persönliche Aufmerksamkeit), Kuchen, Kakao und Saft ist bestimmt eine stimmungsvolle Eröffnung für die Party. Später, wenn die Kinder ausgelassen spielen, ist ein Büffett eine gute Idee. Am besten mit allem, was die Kinder am liebsten essen: Hackfleischbällchen, Nudeln, Pommes, Würstchen …

Die Spiele stehen beim Kindergeburtstag im Mittelpunkt. Klar, dass dann auch Preise vorhanden sein müssen. Die Preise sollten nicht wertvoll sein, höchstens einen Wert von wenigen Euros haben. Kinder freuen sich über Tattoos zum Aufkleben, Seifenblasen, Armbänder, Tierfiguren, Knetmasse, magische 3D-Würfel, Rückzug-Autos, Lineale, Buntstifte, Sammelbildchen oder ein blinkendes Herz.

Vergessen Sie die Verlierer nicht

Die Kinder sollen Spaß haben und das geht am besten, wenn sich jedes als Gewinner fühlt – und am Ende ein kleines Päckchen mit einigen Mitgebseln von diesem unvergesslichen Kindergeburtstag mit nach Hause bringt.

Erstes Kapitel

Spiele für Kindergeburtstage

Spiele zum Anfang

Die Symbole bedeuten
= *Alter*
= *Spielort*
= *Teilnehmerzahl*
= *Material*
= *Vorbereitung*
= *Spieldauer*

Der große Tag ist da, das Geburtstagskind ist schon ganz aufgeregt. Endlich klingelt es an der Tür und die Gäste treffen ein. Eine ideale Gelegenheit, um die Kinder auf das Fest einzustimmen: Die Geschenke werden vorgezeigt

und Kinder, die sich noch nicht kennen, miteinander bekannt gemacht – und solche, die ein wenig schüchtern sind, können mit diesen Spielen langsam warm werden.

Geschenke raten

Kinder lieben es, Geschenke zu erraten. Bei vielen Familien ist dies sogar ein festes Ritual, wenn es um Präsente geht.

Das Spiel:

ab 4 Jahren
drinnen oder draußen
beliebig viele Kinder
keines
keine
je nach Anzahl ca. 5 bis 10 Minuten

Meistens beginnt ein Kindergeburtstag mit etwas Hektik, schließlich sind die geladenen Gäste höflich und treffen pünktlich ein. Um die Atmosphäre etwas aufzulockern, empfiehlt sich dieses kleine Spiel:

So wird gespielt:
Die Kinder stehen oder sitzen im Kreis um das Geburtstagskind. Dieses hält das erste Geschenk hoch, schaut es sich von allen Seiten an, befühlt es und rät natürlich erst einmal, was vielleicht darin ist. Dann wird es ausgepackt und gezeigt – und sich beim Schenker bedankt.

Sag mir, wer du bist

Das Spiel:

- *ab 4 Jahren*
- *drinnen oder draußen*
- *beliebig viele Kinder*
- *eine leere Saftflasche*
- *keine*
- *ca. 10 bis 15 Minuten*

Bei diesem Spiel zum Anfang des Geburtstagsfestes können sich die kleinen Gäste gut untereinander kennen lernen und Vertrauen gewinnen. Das ist eine wichtige Voraussetzung für ein harmonisches Miteinander bei der Feier.

So wird gespielt:

Die Kinder sitzen im Kreis. Das Geburtstagskind darf in die Mitte und dreht eine leere Flasche. Das Kind, auf welches die Flasche zeigt, wird vom Geburtstagskind mit den Worten „Sag mir, wer du bist“ aufgefordert, steht auf und sagt zum Beispiel: „Ich bin Alexander und sechs Jahre alt und wohne in der Schubertstraße.“

Dann setzt sich Alexander wieder hin und das Geburtstagskind dreht erneut die Flasche. Wenn ein Kind ausgewählt wird, das bereits dran war, wird die Flasche noch einmal gedreht.

Wenn das Geburtstagskind Gäste eingeladen hat, die sich untereinander noch nicht alle kennen, ist dieses Spiel ideal, um miteinander warm zu werden.

Wo sitze ich?

Das Spiel:

- *ab 4 Jahre*
- *drinnen*
- *beliebig viele Kinder*
- *Pappe, Papier*
- *Tischkärtchen mit einem Tiermotive darauf sowie Kärtchen, auf denen jedes Tiermotiv noch einmal ist*
- *ca. 5 Minuten*

So findet jeder schnell seinen Platz an der Kaffeetafel.

So wird gespielt:

Die Kärtchen mit den Tiermotiven werden in einen Stoffbeutel oder in einen kleinen Pappkarton gegeben. Jetzt darf ein Kind nach dem anderen, ohne zu sehen, ein Kärtchen ziehen. Danach müssen sie das entsprechende Tischkärtchen und somit ihren Platz finden.

Wörter raten mit Luftballons

Bei diesem Spiel ist es ganz wichtig, schnell zu reagieren.

Das Spiel:

ab 9 Jahren
drinnen
beliebig viele Kinder
Luftballons
keine
ca. 5 Minuten

Bevor es richtig losgeht, ein kleines Spiel zum Aufwärmen für die etwas Größeren.

So wird gespielt:

Ein Wort ausdenken, zum Beispiel „Geburtstag". Dazu werden zehn Luftballons aufblasen, auf jeden Ballon mit einem dicken Filzer einen Buchstaben des Wortes malen. Dann die Ballons durcheinander aufhängen, die Kinder müssen jetzt das Wort raten. Wer es gern etwas schwieriger machen möchte, kann auch die Vokale e, o, i, u und a weglassen.

Variante:

Jedes Kind bekommt einen Zettel und einen Stift. Darauf kann es dann weitere Wörter schreiben, die sich zum Beispiel aus den Buchstaben des Wortes „Geburtstag" bilden lassen: Dazu gehören „Trug", „Gas", „Geburt", „Tag", „Gabe", „Taube", „Burg", „Brut", „Gurt" usw.

Topf schlagen

Dieses Spiel ist der Klassiker unter den Geburtstagsspielen schlechthin.

Das Spiel:

ab 5 Jahren
drinnen
ab drei Kindern
kleiner Topf, Kochlöffel, kleine Geschenke, Tuch zum Augenverbinden
keine
ca. 10 Minuten

Ein Klassiker, der eigentlich auf keiner Feier fehlen darf – und der dafür sorgt, dass die Stimmung richtig in Schwung kommt.

So wird gespielt:

Ein Kind wird ausgewählt, dem dann die Augen verbunden werden. Im Zimmer wird dann der Topf versteckt, unter dem sich ein kleiner Preis befindet. Das Kind bekommt den Kochlöffel und muss nun auf allen vieren nach dem Topf suchen. Als Hilfen dürfen die anderen Kinder Hinweise wie „kalt", „lauwarm", „warm" und „heiß" geben.

Reise nach Jerusalem

Das Spiel:

- *ab 6 Jahren*
- *drinnen*
- *ab sechs Kindern*
- *Stühle, Stereoanlage*
- *keine*
- *ca. 10 Minuten*

Ein prima Spiel für den Anfang einer Feier, um so richtig warm zu werden. Wie lange wird die Musik noch spielen? Stehe ich schon vor einem freien Stuhl? Oder komm ich noch schnell genug zum nächsten? Die Reise nach Jerusalem ist ein echter Klassiker mit einer Mischung aus Nervenkitzel und raschen Reaktionen. Kein Spiel für Schlafmützen.

So wird gespielt:

In der traditionellen Weise werden in einer Reihe jeweils ein Paar Stühle mit der Lehne zusammengestellt. Jedes Kind setzt sich auf einen Stuhl. Dann stehen alle auf und ein Stuhl wird weggenommen. Der Spielleiter stellt jetzt die Musik an und die Kinder gehen alle in einer Richtung langsam um die Stühle herum. Die Kinder müssen dabei ständig in Bewegung sein, keines darf zwischendurch stehen bleiben. Wenn die Musik plötzlich aufhört, muss sich jedes Kind schnell auf einen Stuhl setzen. Das Kind, das keinen Stuhl mehr erwischt hat, scheidet aus. Als „Trostpreis" darf der Verlierer der Runde beim nächsten Umlauf die Musik ein- und wieder abschalten. Dazu muss vorher aber ein Stuhl aus der Runde entfernen werden.

Variante 1:

Ein Kind sitzt an der Stereoanlage und dreht die Musik lauter, leiser oder ganz ab. Ist nichts mehr zu hören, muss jedes Kind augenblicklich stocksteif stehen bleiben, sonst scheidet es aus. Ebenso scheidet das Kind aus, wenn es in der Bewegung verharrt, obwohl noch Musik zu hören ist. Sicherlich wird das Kind am Radio schnell herausbekommen, dass es einen Unterschied zwischen leiser, noch hörbarer und ganz abgedrehter Musik gibt.

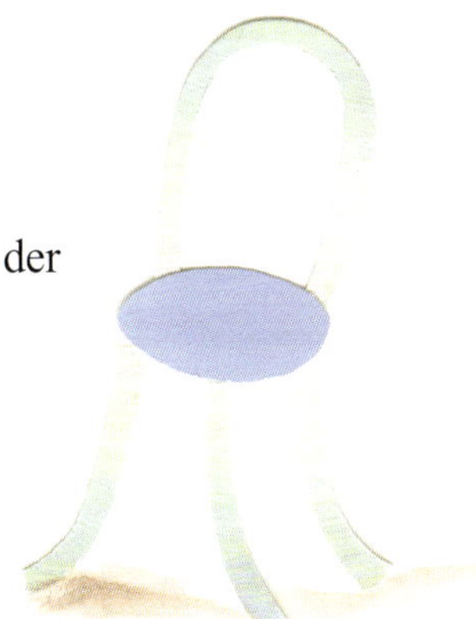

Variante 2:

Alle Kinder sitzen im Kreis. In der Mitte liegen Gegenstände, allerdings einer weniger, als Kinder mitspielen. Dann wird ein Geschichtenerzähler ausgewählt. Er legt das „Kommandowort" fest, zum Beispiel Fußball. Dann beginnt er eine Geschichte zu erzählen. Sobald das Wort „Fußball" darin vorkommen, stürzen sich alle Kinder auf die Gegenstände in der Mitte. Das Kind, das keinen Gegenstand ergattert hat, muss nun die Geschichte weitererzählen. So lange, bis wieder das Wort „Fußball" fällt.

Fangspiele

Die Symbole bedeuten

- *= Alter*
- *= Spielort*
- *= Teilnehmerzahl*
- *= Material*
- *= Vorbereitung*
- *= Spieldauer*

Fangen ist für Kinder etwas Faszinierendes. Egal, ob einen Ball oder ein anderes Kind. Hier kann sich jeder so richtig austoben und dabei sein Geschick unter Beweis stellen.

Häschen in der Grube

Das Spiel:

- *ab 4 Jahren*
- *drinnen oder draußen*
- *ab fünf Kindern*
- *Pappe und Gummiband*
- *Hasenohren für das Häschen aus Pappe und Gummiband basteln*
- *ca. 5 Minuten pro Häschen*

Krank? Von wegen! Schaut mal, wie gut ich hüpfen kann!

So wird gespielt:

Ein Kind wird als Häschen ausgewählt, stülpt sich die Hasenohren über und setzt sich in die Mitte. Die anderen Kinder sitzen im Kreis um das Häschen herum. Die Kinder fangen an, das Lied zu singen und das Häschen macht mit. Es sitzt, legt den Kopf in die Arme und schläft. Bei der Frage, ob das Häschen krank ist, hebt es den Kopf und schaut ganz traurig. Sobald die Kinder singen „Häschen, hüpf …“ springt das Kind schnell auf, hüpft los und versucht, eines der anderen Kinder zu erhaschen. Die dürfen erst aufspringen, wenn das Häschen aus seiner Grube kommt. Das gefangene Kind ist dann das neue Häschen, bekommt die Ohren und setzt sich in die Grube.

Häschen in der Grube,
saß und schlief, saß und schlief.
Armes Häschen, bist du krank,
dass du nicht mehr hüpfen kannst?
Häschen, hüpf! Häschen, hüpf!

Niemand darf mein Tor passieren

Das Spiel:

- *ab 5 Jahren*
- *draußen oder in großen Zimmern*
- *drei bis sechs Kinder*
- *zwei Plastikeimer*
- *wird auf Rasen gespielt, können zwei dünne Latten in den Boden gesteckt werden*
- *ca. 5 Minuten*

Ein Lauf- und Fangspiel, bei dem es auf etwas Geschicklichkeit ankommt.

So wird gespielt:

Zwei Eimer markieren ein etwa zwei Meter breites Tor. Ein Kind ist der Torwächter. Seine Aufgabe ist es zu verhindern, dass die anderen Kinder durch das Tor laufen. Wenn der Torwächter ein Kind festhalten kann, scheidet dies aus oder wird auch zum Torwächter. Weil der Torwächter nur sein Tor bewacht, darf er sich nur auf der Linie zwischen den beiden Markierungen hin- und herbewegen.

Die Kinder dürfen sich absprechen und beispielsweise alle auf einmal losgehen.

Schwarzer Peter

Das Spiel:

- *ab 5 Jahren*
- *draußen*
- *beliebig viele Kinder*
- *keines*
- *keine*
- *ca. 5 Minuten*

Wer rechtzeitig erahnt, was der Schwarze Peter vorhat, hat die besten Chancen ihm zu entgehen.

So wird gespielt:

Ein Spielfeld wird abgesteckt, dann ein Kind zum Schwarzen Peter gewählt. Es muss an einem Ende des Spielfeldes stehen, alle anderen Kinder stehen am anderen Ende. Dann läuft der Schwarze Peter mit ausgestreckten Armen los, die Kinder kommen ihm entgegen. *Wichtig:* Er darf dabei nur nach vorne und zur Seite laufen, die anderen Kinder aber nicht verfolgen. Das als erstes gefangene Kind ist dann in der nächsten Runde der Schwarze Peter.

Um das Spiel etwas abwechslungsreicher zu gestalten, kann vorgegeben werden, wie die Kinder sich fortbewegen dürfen, zum Beispiel auf einem Bein hüpfend, in der Hocke, mit Trippelschritten usw.

Fang den König

Das Spiel:

- *ab 5 Jahren*
- *drinnen oder draußen*
- *ab vier Kindern*
- *Goldfolie, Klebeband und Schere*
- *aus der Goldfolie eine Krone basteln*
- *ca. 15 Minuten*

Hier sind zur Abwechslung mal die Tiere auf der Jagd.

Kinder sind bei solchen Spielen sehr erfinderisch: beim Ausdenken der Anweisungen wie auch bei der Umsetzung.

So wird gespielt:

Das Geburtstagskind wird mit einer selbst gebastelten Krone zum König gekrönt. Dann zeigt der König seinen „Untertanen", was sie alles tun dürfen, zum Beispiel wie ein Kaninchen hoppeln, wie ein Storch hin- und herschreiten und mit dem Schnabel klappern (Arme ausstrecken, in die Hände klatschen), wie ein Frosch hüpfen und quaken, wie eine Katze schleichen und miauen, traben und wiehern wie ein Pferd oder trompeten und majestätisch einherschreiten wie ein Elefant.

Hat der König das Tier und die Bewegung vorgegeben, dürfen die anderen Kinder versuchen, ihn zu fangen. Das Kind, das den König fängt, ist der neue König.

Variante:

Um das Spiel etwas spannender zu machen, kann das Spielfeld begrenzt werden. Wer dann König bleiben will, muss sich schon ganz schön anstrengen.

Der Plumpsack geht um

Das Spiel:

- *ab 5 Jahren*
- *drinnen oder draußen*
- *sechs bis zwölf Kinder*
- *ein geknotetes Taschentuch*
- *keine*
- *ca. 10 Minuten*

Warum verlieren auch alte Kinderspiele nichts von ihrer Faszination? Weil sie einfach und gut sind! Und auf jeder Geburtstagsfeier für viel gute Laune sorgen.

So wird gespielt:

Die Kinder sitzen im Kreis und halten die Hände mit den Handflächen nach oben auf den Rücken. Ein Kind bekommt den Plumpsack (ein geknotetes Taschentuch) und geht außen um den Kreis herum. Dabei sagt es den Vers: „Dreh dich nicht um, denn der Plumpsack geht um. Wer sich umdreht oder lacht …“ Dann lässt es das Taschentuch einem Kind in die Hände fallen. Dies muss nun schnell aufstehen und hinter dem Plumpsack her rennen. Der versucht inzwischen, auf den freien Platz des Kindes zu kommen. Gelingt ihm das, ist das Kind mit dem Taschentuch der neue Plumpsack. Wird der Plumpsack aber von seinem Verfolger gefangen, bekommt er das Taschentuch zurück und er muss sich dann ein neues Opfer unter den Kindern suchen und sein Glück versuchen.

Variante:

Wird in der Wohnung mit wenig Platz gespielt, setzen sich die Kinder im Kreis möglichst dicht aneinander. Dabei haben sie die Hände auf dem Rücken. Ein Kind sitzt in der Mitte und muss die anderen Kinder beobachten. Dadurch versucht es herauszubekommen, wo sich der Plumpsack gerade befindet. Wenn das Kind in der Mitte „Stopp“ ruft, darf der Plumpsack, egal wo er gerade ist, nicht mehr weitergereicht werden. Wenn das Kind in der Mitte erraten hat, wo sich der Plumpsack befindet, darf es in den Kreis. Das erratene Kind muss jetzt suchen. Rät das Kind in der Mitte allerdings nicht richtig, muss es ein Pfand abgeben und darf es dann noch einmal versuchen.

Ein spannender Spieleklassiker für alle Altersstufen, der niemals langweilig wird und für viel Spaß sorgt.

Räuber und Prinzessin

Das Spiel:

- *ab 6 Jahren*
- *draußen*
- *sechs bis zehn Kinder*
- *keines*
- *keine*
- *ca. 5 bis 10 Minuten*

Wer es schafft, den Räubern zu entkommen, wird zur neuen Königin gewählt.

So wird gespielt:

Die Kindergruppe wird aufgeteilt. Allerdings sollten es immer mehr Prinzessinnen als Räuber sein. Dann müssen die Räuber die Prinzessinnen jagen und abschlagen. Die abgeschlagenen Prinzessinnen werden jetzt ebenfalls zu Räubern oder scheiden aus. Kann sich eine Prinzessin jedoch auf ein zuvor vereinbartes Mal retten, ist sie vor den Räubern geschützt. Allerdings darf die Prinzessin am Mal nur kurz verschnaufen und die Räuber dürfen sich nur bis auf zwei oder drei Meter dem Mal nähern. Gespielt werden kann auf Zeit. Wer nach fünf oder zehn Minuten noch nicht gefangen wurde, ist „Königin“. Die „Königin“ darf sich dann in der nächsten Runde zweimal abschlagen lassen, bevor sie zum Räuber wird.

Katz und Maus

Das Spiel:

- *ab 6 Jahren*
- *draußen*
- *beliebig viele Kinder*
- *keines*
- *keine*
- *ca. 5 bis 10 Minuten*

Mit Geschick versuchen die Kinder, das Mäuslein vor der Katze zu schützen. Aber die ist auch ganz schön wendig und schnell.

So wird gespielt:

Zwei Kinder werden ausgewählt, das eine ist die Katze, das andere die Maus. Die anderen Kinder fassen sich an den Händen und bilden einen Kreis um die Maus. Sie versuchen nun zu verhindern, dass die Katze in den Kreis gelangt. Die Katze versucht, unter den Händen der Kinder durchzuschlüpfen oder darüber zu springen. „Festgehalten“ werden darf die Katze dabei nicht. Gelingt es der Katze, in den Kreis zu kommen, darf sie die Maus verfolgen. Ist die Maus eingefangen, dürfen zwei andere Kinder Katze und Maus sein.

Auf Safari

Das Spiel:

- ab 6 Jahren
- draußen
- ab fünf Kindern
- keines
- keine
- ca. 10 Minuten

Ein Fangspiel, bei dem die Kinder nicht nur schnell sein müssen. Sie sollten auch schon recht viele Tiere kennen.

So wird gespielt:

Bevor es losgeht, vereinbaren die Kinder ein oder zwei Tiernamen (zum Beispiel „Elefant“ und „Hund“), die nicht gesagt werden dürfen. Dann wird ein Kind als Fänger ausgewählt. Die anderen Kinder dürfen jetzt weglaufen und der Fänger muss versuchen, ein Kind zu fangen. Wenn er dabei einem Kind nahe kommt, darf es sich hinhocken und muss schnell einen Tiernamen sagen. Allerdings darf es keinen der vorher festgelegten Namen sagen. Wenn es dem Kind nicht gelingt, ist es gefangen und scheidet aus. Oder das gefangene Kind wird zum neuen Fänger.

Damit das Kind nicht zu lange sitzen bleibt, wird ein Abzählreim festgelegt, bei dem alle Kinder aufstehen müssen: „Ich stell mich auf mein rechtes Bein, wer jetzt nicht aufsteht, der muss es sein!“ Damit es der Fänger nicht allzu schwer hat, sollte vorher ein Bereich festgelegt werden, den die Kinder nicht verlassen dürfen.

Variante:

Statt „verbotener“ Tiernamen können auch Tiergruppen bestimmt werden. Zum Beispiel dürfen keine Tiere, die Flügel haben, oder Haustiere genannt werden.

Kinder können sich auch selbst Varianten ausdenken, zum Beispiel nur Tiere, die in Afrika leben.

Zublinzeln

Das Spiel:

- ab 6 Jahren
- drinnen oder draußen
- ab fünf Kindern
- Stühle
- keine
- ca. 10 Minuten

Wer her nicht gut aufpasst und blitzschnell zugreift, steht ganz schnell ohne Partner da.

So wird gespielt:

Die Kinder werden in Paare aufgeteilt. Nur ein Kind bleibt allein. In einem Stuhlkreis sitzt jeweils eines der Kinder, sein Partner steht hinter ihm. Das „Einzelkind“ steht ebenfalls hinter einem allerdings leeren Stuhl und versucht nun, die Aufmerksamkeit eines der Kinder, die auf dem Stuhl sitzen, zu erregen. Wenn es das geschafft hat, muss das angeblinzelte Kind schnell aufspringen und sich auf den freien Stuhl setzen. Die Partner, die hinter dem Stuhl stehen, versuchen dies natürlich zu verhindern, indem sie dem sitzenden Kind schnell die Hand auf die Schulter legen.
Man kann das Spiel auch im Stehen und ohne Stühle spielen.

Hühnchen rupfen

Das Spiel:

- ab 6 Jahren
- drinnen oder draußen
- ab sechs Kindern
- Wäscheklammern, Papier, evtl. Klebeband, Augenbinde
- Papier in Streifen schneiden
- ca. 10 Minuten

Vorsicht bei diesem Hühnchen. Wer sich beim Rupfen erwischen lässt, der ist selbst als Hühnchen dran.

So wird gespielt:

Einem Kind werden die Augen verbunden. Dann werden an seiner Kleidung zehn bis zwölf Wäscheklammern oder mit Klebeband kleine Papierstreifen befestigt. Die anderen Kinder versuchen jetzt, dem Hühnchen die „Federn“ auszurupfen. Dabei darf aber immer nur ein Kind versuchen, eine „Feder“ zu „rupfen“. Das Hühnchen steht dabei ganz still und versucht, übers Gehör herauszufinden, wo der „Rupfer“ gerade steht. Wen das Hühnchen beim Rupfen der letzten Feder erwischt, der ist in der nächsten Runde das neue Hühnchen.

Rot gewinnt

Das Spiel:

ab 6 Jahren
drinnen und draußen
ab fünf Kindern
keines
keine
ca. 5 Minuten pro Runde

Flink sein, Farben kennen und schnell etwas finden schützt vor der Gefangenschaft.

So wird gespielt:

Die Kinder wählen einen Fänger aus. Dann bilden sic cinen großen Kreis und der Fänger stellt sich in die Mitte. Wenn der Fänger jetzt zum Beispiel sagt: „Ich suche Rot!“, laufen alle Kinder los, um etwas zu finden, das rot angemalt ist. Der Fänger zählt inzwischen laut bis „zehn“. Dann läuft er los und versucht, die Kinder zu fangen. Wenn ein Kind inzwischen einen Gegenstand in der Hand hält, der rot oder zum Teil rot ist, kann es nicht mehr gefangen werden. *Wichtig*: Sich nur an einem Gegenstand festhalten, der rot ist, reicht nicht aus. Wenn der Fänger alle Kinder, die den Gegenstand in der gesuchten Farbe nicht in der Hand halten, gefangen hat, zählt er seine Beute. Dann darf das nächste Kind der Fänger sein. Wer am Ende die meisten Kinder gefangen hat, ist der „Oberfänger“.

Englisch ticken

Das Kind, das als Letztes abgeschlagen wird, ist beim nächsten Spiel der Fänger.

Das Spiel:

ab 6 Jahren
draußen
fünf bis zehn Kinder
keines
keine
ca. 10 Minuten

Ein klassisches Fangspiel, bei dem Verrenkungskünstler im Vorteil sind.

So wird gespielt:

Ein Kind wird als Fänger ausgewählt. Die anderen Kinder laufen weg. Wird ein Kind jedoch abgeschlagen, wird es auch zum Fänger. Das Besondere dabei: Das Kind muss auf die Stelle, an der es berührt wurde, eine Hand legen und diese dort auch liegen lassen.

Feuer, Wasser, Erde, Luft

Das Spiel:

ab 8 Jahren
draußen
ab fünf Kindern
keines
keine
ca. 15 Minuten

Wer sich gut mit Tieren auskennt und ein gutes Gedächtnis hat, ist hier klar im Vorteil.

So wird gespielt:
Die Kinder sitzen im Kreis, eines steht in der Mitte. Dieses Kind zeigt nun auf eines der anderen Kinder und sagt laut eines der Elemente „Wasser“, „Erde“ oder „Luft“. Das andere Kind muss jetzt ein Tier nennen, das in diesem Element lebt. Gleichzeitig zählt das Kind in der Mitte bis sieben. Wenn das andere Kind bis dahin kein Tier genannt hat, ruft das Kind in der Mitte „Feuer“. Jetzt müssen alle Kinder schnell ihre Plätze tauschen. Welches Kind am Ende übrig bleibt, muss in die Mitte – und das Spiel beginnt von neuem.

Kettenfänger

Das Spiel:

ab 7 Jahren
draußen
ab fünf Kindern
keines
keine
ca. 10 Minuten

Dieses Spiel klappt dann am besten, wenn die Fänger einer Meinung sind.

So wird gespielt:
Ein Kind wird als Fänger ausgelost. Sobald der Fänger das erste Kind gefangen hat, muss dieses den Fänger an der Hand nehmen. Zusammen machen sie nun Jagd auf das nächste Kind, bis sich schließlich eine Fängerkette gebildet hat. Dabei gilt ein Kind aber nur dann als gefangen, wenn die Fängerkette nicht an einer Stelle unterbrochen ist.

Lustige Spiele

Die Symbole bedeuten

- = *Alter*
- = *Spielort*
- = *Teilnehmerzahl*
- = *Material*
- = *Vorbereitung*
- = *Spieldauer*

Hier können sich kleine Unterhaltungskünstler so richtig austoben. Wer schneidet die witzigsten Grimassen und bringt andere zum Lachen, auch ohne dass er sie dafür durchkitzeln muss?

Waldi, bell doch mal!

Das Spiel:

ab 4 Jahren
drinnen
ab sechs Kindern
kleine Süßigkeiten
Süßigkeiten bereitlegen
ca. 15 Minuten

Mit seiner feinen Nase findet der kleine Hund jedes Leckerchen.

So wird gespielt:

Ein Kind wird als „Waldi" ausgewählt, die anderen Kindern bilden einen Kreis. Dann muss sich „Waldi" die Augen zuhalten, während eines der anderen Kinder hinter seinem Rücken eine Süßigkeit versteckt. Dann darf „Waldi" suchen. Er schnüffelt bei den Kindern, winselt und verhält sich wie ein kleiner Hund. Wenn „Waldi" das Leckerchen nicht gleich findet, darf das Kind, das die Süßigkeit versteckt hat, möglichst unauffällig, wenn „Waldi" gerade nicht in seine Richtung guckt, sagen „Waldi, bell doch mal." Dann muss „Waldi" schnell nach dem Kind Ausschau halten. Wenn „Waldi" das Kind entdeckt hat, bekommt er die Süßigkeit und wird gelobt und gestreichelt. Anschließend darf ein anderes Kind „Waldi" sein.

Wildes Durcheinander

Das Spiel:

- *ab 4 Jahren*
- *drinnen oder draußen*
- *ab fünf Kindern*
- *keines*
- *keine*
- *ca. 10 Minuten*

Da muss der Spielleiter schon einen guten Durchblick haben, um alles wieder zu entwirren.

So wird gespielt:

Alle Kinder werfen sich übereinander, wuseln herum, bis sie in einem wilden Haufen in- und umeinander verschlungen sind. Wenn der Spielleiter „Stopp" ruft, darf sich kein Kind mehr bewegen. Dann muss der Spielleiter versuchen, dieses wilde Durcheinander wieder zu entflechten. Dazu nennt er den Namen eines Kindes und sagt, was es tun soll. Etwa „Steffi, heb dein linkes Bein" oder „Thorben, nimm deinen Ellenbogen zurück". Die anderen Kinder dürfen sich in dieser Zeit nicht bewegen. Wer es trotzdem tut, muss ein Pfand abgeben.

Wackelpeter

Das Spiel:

- *ab 5 Jahren*
- *drinnen oder draußen*
- *ab vier Kindern*
- *evtl. CD-Player*
- *keine*
- *ca. 15 Minuten*

Wer zu spät stehen bleibt, blecht in Form eines Pfandes.

So wird gespielt:

Alle Kinder laufen durchs Zimmer, dazu wird passende Musik gespielt. Der Spielleiter sagt oder macht vor, was die Kinder tun sollen, zum Beispiel sich um die eigene Achse drehen, krabbeln, auf einem Bein hüpfen, lange Schritte machen, rückwärts gehen. Auf ein vorher vereinbartes Signal hin (Musik aus, in die Hände klatschen) müssen alle Kinder wie erstarrt stehen bleiben und dürfen sich nicht mehr bewegen. Wenn sich ein Kind trotzdem bewegt, ist es der „Wackelpeter" und muss ein Pfand abgeben.

Eichen und Ochsen

Das Spiel:

- *ab 5 Jahren*
- *drinnen oder draußen*
- *ab acht Kindern*
- *Tücher zum Augenverbinden*
- *keine*
- *ca. 10 Minuten*

Was stört es die Eiche, wenn sich der Ochse an ihr reibt? Nichts, so lange es der richtige Ochse ist.

So wird gespielt:

Die Kinder werden in zwei Gruppen geteilt. Die „Eichen" stellen sich im Kreis auf, dann werden ihnen die Augen verbunden. Zu jeder Eiche stellt sich jetzt ein „Ochse". Der Ochse sagt seiner Eiche, wie er heißt. Dann schubbert er sich an der Eiche. Wie der Ochse das macht, sollte sich die Eiche gut merken.
Nach einer kurzen Weile wechseln die Ochsen ihre Scheuerstelle und vielleicht suchen sie sich dabei auch eine neue Eiche. Dann dürfen sich die Rindviecher wieder scheuern. Aber die Eichen müssen gut aufpassen. Wenn es nämlich nicht ihr Ochse ist, müssen sie ihn wegschicken.

Mäuschen, mach mal piep!

Das Spiel:

- *ab 5 Jahren*
- *drinnen*
- *beliebig viele Kinder*
- *ein Tuch, Stühle*
- *Stuhlkreis*
- *ca. 5 Minuten pro Runde*

Hier muss man gut hinhören und darf sich auch von einer verstellten Stimme nicht irritieren lassen.

So wird gespielt:

Ein Stuhlkreis wird gebildet und auf jeden Stuhl setzt sich ein Kind. Ein Kind wird ausgewählt. Es muss in die Mitte, dann werden ihm die Augen verbunden und es wird ein paar Mal herumgedreht, damit es die Orientierung verliert. Jetzt wird das Kind vom Spielleiter zu einem Kind im Stuhlkreis geführt. Dabei sollten die anderen Kinder ganz still sein. Dort angekommen, setzt es sich auf den Schoß des Kindes und sagt: „Mäuschen, mach mal piep!" Klar, dass das Kind jetzt seine Stimme verstellt, um nicht erkannt zu werden. Gelingt ihm das nicht und das andere Kind errät, auf wessen Schoß es sitzt, ist das Kind frei. Das Kind, das sich verraten hat, muss jetzt in die Mitte und das Spiel beginnt von neuem.

Kuno mit den 13 Kröten

Das Spiel:

- *ab 5 Jahren*
- *drinnen oder draußen*
- *ab sieben Kindern*
- *Gummistiefel oder Schwimmflossen*
- *keine*
- *ca. 20 Minuten*

Warum gerade 13 Kröten? Weil das gut in den Rhythmus des Verses passt. 7, 15, 17 oder 19 würde auch gehen. Wenn es gerade sieben Kinder sind, kann man natürlich auch die Sieben nehmen.

So wird gespielt:

Ein Kind steht in der Mitte, hat eine Mütze auf und trägt zu große Gummistiefel oder Schwimmflossen.
Die Kinder im Kreis fassen sich an den Händen und laufen um das Kind in der Mitte herum. Dabei sagen sie folgenden Vers auf:

(Name des Kindes in der Mitte, zum Beispiel Susanne), mit den dreizehn Kröten,
dreizehn Kröten, keine mehr,
die sagen nichts,
die hüpfen nicht,
die sehen ihr (ihm) alle ins Gesicht
und machen alle so!

Dann bleiben alle Kinder stehen und schauen das Kind in der Mitte an. Dies schneidet jetzt eine Grimasse oder macht eine Verrenkung und alle Kinder müssen das sofort nachmachen. Dann geht das Spiel weiter. Nach einigen Runden fügt das Kind in der Mitte der letzten Zeile im Reim ein „nicht“ hinzu. Dann macht das Kind in der Mitte wieder seine Verrenkungen. Das Kind, das es nun nachmacht, hat verloren und muss jetzt in die Mitte. Wenn mehr als eines der Kinder nicht aufpasst, entscheidet das Kind in der Mitte, wer jetzt als Nächster die Gummistiefel oder Schwimmflossen tragen muss.

Nach diesem Spiel haben sich alle Kinder eine Belohnung verdient.
Großen Spaß macht es auch, den Spielverlauf mit einer Videokamera aufzunehmen und den Kinder zu zeigen.

Wer kann die Kinder wecken?

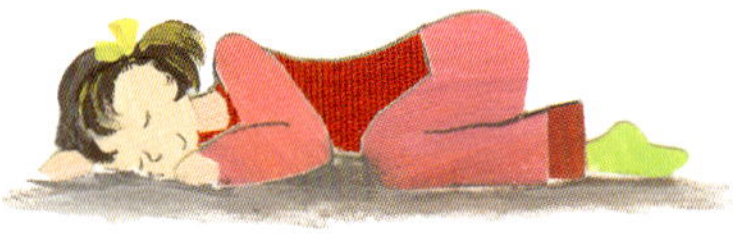

Das Spiel:

ab 5 Jahren
drinnen
ab fünf Kindern
keines
keine
ca. 10 Minuten

Die Kinder sind ganz schön müde. Da muss man sich schon etwas Besonderes einfallen lassen, um sie wach zu bekommen.

So wird gespielt:

Alle Kinder legen sich auf den Boden und stellen sich schlafend. Ein vorher ausgewähltes Kind muss nun versuchen, die anderen Kinder aufzuwecken, indem es sie zum Lachen bringt, zum Beispiel durch Witze erzählen oder lustige Geräusche machen. Verboten ist kitzeln, kneifen oder gar kaltes Wasser ins Ohr gießen. Das Kind, das besonders fest schläft und erst als Letztes lacht, muss in der nächsten Runde den Weckdienst leisten. Der Fantasie sind bei diesem Spiel keine Grenzen gesetzt.

Stopp-Essen

Das Spiel:

ab 6 Jahren
drinnen
beliebig viele Kinder
Kuchen
Kuchentafel
ca. 15 bis 20 Minuten

Lustiges Kuchenessen mit kleinen Verzögerungen.

So wird gespielt:

Damit beim Kuchenessen keine Langeweile aufkommt, wird das Geburtstagskind mit einer wichtigen Aufgabe betreut. Es wird zum Hüter der magischen Wörter „Pots“ und „Stopp“ ernannt. Immer wenn das Geburtstagskind jetzt „Pots“ ruft, müssen alle anderen Kinder auf der Stelle zu Salzsäulen erstarren. Keine noch so geringe Bewegung ist nun erlaubt.

Wenn das Geburtstagskind ganz genau überprüft hat, manchmal kann so etwas durchaus schon mal eine oder zwei Minuten dauern, dass sich auch wirklich jeder daran hält, darf es das magische Lösungswort „Stopp“ sagen.

Dann dürfen sich alle Kinder wieder bewegen. Da jedes Kind als Hüter der magischen Wörter geeignet ist, übergibt das Geburtstagskind diese ehrenvolle Aufgabe für die nächste Runde an ein anderes Kind. Jedes Kind sollte mal an der Reihe sein, „Pots“ und „Stopp“ sagen zu dürfen.

Schnitzeljagd mit kleinen Fotos

Das Spiel:

- *ab 6 Jahren*
- *drinnen und draußen*
- *ab sechs Kindern*
- *Digitalkamera*
- *mit der Kamera Gegenstände fotografieren, Bilder ausdrucken*
- *ca. 30 Minuten*

Hier kommt es aufs Detail und den Blick für ungewöhnliche Perspektiven an.

So wird gespielt:

Mit einer Digitalkamera wurden in der Wohnung und im Garten Gegenstände fotografiert, zum Beispiel ein Blumentopf, das Kissen eines Sofas, die Rückseite des Fernsehers, die Kante eines Bildes, das Bein eines Stuhls, eine Gießkanne, ein Bücherregal. Anschließend bekommen die Kinder das erste Bild und müssen dann nach dem Gegenstand suchen. Wenn sie den gefunden haben, finden sie dort das nächste Foto. Das geht so lange, bis sie schließlich am Ende einen kleinen Schatz finden, zum Beispiel Süßigkeiten für alle oder ein kleines Spiel oder Abziehbildchen. Für die älteren Kinder ab 8 oder 9 Jahren dürfen die Bilder auch schon etwas komplizierter sein, wie etwa aus einem ungewöhnlichen Blickwinkel (die großen Knöpfe der Stereoanlage werden von unten fotografiert) oder sehr detailliert (der Ein-/Ausschaltknopf des Fernsehers).

Vielleicht hilft das Geburtstagskind bei der Vorbereitung des Festes mit und macht die Fotoaufnahmen selbst?

Schokolade-Wettessen

Denken Sie an eine schnittfeste Unterlage. Es kann bei dem Spiel heiß hergehen.

Das Spiel:

- *ab 7 Jahren*
- *drinnen*
- *beliebig viele Kinder*
- *ein Würfel, eine Tafel Schokolade, Zeitungspapier, Schnur, Besteck, Mütze, Schal, Handschuhe*
- *die Tafel Schokolade in Zeitungspapier einwickeln und mit der Schnur zu einem Pakte verschnüren*
- *ca. 15 Minuten*

Mit Messer und Gabel Schokolade essen – und das auch noch um die Wette? Klingt verrückt, macht aber allen Kinder riesigen Spaß!

So wird gespielt:

Die Kinder setzen sich um den Tisch. Das „Schokoladenpaket“, Besteck und Bekleidung werden in die Mitte auf den Tisch gelegt. Dann fangen die Kinder reihum an zu würfeln. Wird eine Sechs gewürfelt, zieht sich das Kind schnell die Sachen an und fängt an, mit dem Besteck das „Schokoladenpaket“ zu öffnen. Ziel ist es, an die Schokolade zu kommen, sie zu zerschneiden und aufzuessen. Dabei muss es mundgerechte Stücke schneiden; es darf nichts mit den Zähnen festhalten, was nicht in den Mund passt. Das darf es so lange, bis das nächste Kind eine Sechs würfelt. Dann muss der bisherige Schokoladenesser alles schnell auf den Tisch legen.

Waschtag

Das Spiel:

- *ab 6 Jahren*
- *drinnen oder draußen*
- *ab sechs Kindern*
- *abwaschbarer Umhang, Zahnbürste, Zahnpasta, Seife, Rasierschaum*
- *keine*
- *ca. 5 Minuten pro Paar*

Waschen ohne hinzugucken. Leichter gesagt, als getan.

So wird gespielt:

Die Kinder bilden Paare. Das eine Kind sitzt am Tisch und trägt einen Umhang. Das andere Kind steht hinter ihm und muss seinem Partner und „Vordermann“ nun das Gesicht mit Seife waschen, ihm die Zähne bürsten. Das Paar, das diese Wäsche am besten von allen hinbekommt, hat am Ende gewonnen.

Nudelrolle

Das Spiel:

- *ab 8 Jahren*
- *draußen*
- *ab vier Kindern*
- *keines*
- *keine*
- *ca. 5 Minuten*

Hier geht es ganz schön rund und Teamarbeit ist dabei sehr wichtig. Sind die Kinder in festlicher Kleidung zum Geburtstagsfest gekommen, ist das Spiel nicht so ideal.

So wird gespielt:

Zuerst wird eine Strecke mit Start und Ziel festgelegt. Zwei möglichst gleich große und gleich schwere Kinder bilden ein Paar. Ein Kind legt sich auf den Rücken, das andere legt sich bäuchlings auf seinen Partner. Dann umschlingen sich beide um die Taille und versuchen nun, durch Herumrollen, vorwärts zu kommen. Bei mehreren Kindern können die Paare auch gegeneinander antreten. Gewonnen hat das Paar, das als Erstes durchs Ziel gerollt ist.

Das Spiel kann auch einzeln gespielt werden. Dann müssen die Kinder gegeneinander antreten und sich rollend zum Ziel bewegen. Sehr lustig wird es auch, wenn man einen Hügel hinunterrollen kann.

Stille Post

Das Spiel:

ab 6 Jahren
drinnen
ab sechs Kindern
keines
keine
ca. 10 bis 15 Minuten

Undeutlich gesprochen, nicht richtig hingehört? Tut man eigentlich nicht. Aber genau das ist es, was „Stille Post“ so lustig macht.

So wird gespielt:

Die Kinder sitzen im Kreis zusammen. Ein Kind wird ausgewählt, das seinem Nachbarn schnell etwas ins Ohr flüstert. Dieses Kind muss dann die „Nachricht“ an das nächste Kind weitergeben, dieses wieder an seinen nächsten Nachbarn usw. Wenn die „Nachricht“ einmal herum ist, muss das letzte Kind laut sagen, was es verstanden hat. Das erste Kind antwortet dann, was es wirklich gesagt hat.

Variante 1:

Kann man auch als „Telegramm“ spielen. Dabei sitzen alle Kinder hintereinander. Das Erste schreibt seinem Vordermann etwas auf den Rücken. Der schreibt es wiederum seinem Vordermann auf den Rücken. Der Letzte sagt dann laut die Meldung, die ihm auf den Rücken geschrieben wurde und vergleicht es mit der Ursprungsmeldung.

Variante 2:

Statt es zu sagen, müssen das erste und das letzte Kind am Ende wie bei einer Scharade vorführen, welcher Begriff gemeint war. Anschließend wird verglichen. Erst sagt das letzte Kind, was es vorgeführt hat, dann sagt das erste Kind, welches Wort es auf die Reise geschickt hat.

Wer lacht, verliert

Das Spiel:

- *ab 8 Jahren*
- *drinnen*
- *beliebig viele Kinder*
- *keines*
- *keine*
- *ca. 5 bis 10 Minuten*

Hier kann auf Dauer niemand wirklich ernst bleiben – oder doch?

So wird gespielt:

Zwei Kinder stehen sich gegenüber und schauen sich ernst in die Augen. Die anderen versuchen, wenigstens eines der Kinder durch Grimassenschneiden zum Lachen zu bringen. Wer lacht, scheidet aus und darf mit Grimassen schneiden. Das „ernst gebliebene" Kind darf sich einen neuen Partner aussuchen. Es muss jedoch jemand sein, der noch nicht Partner war.

Fangen beide Kinder an zu lachen, dürfen zwei neue in die Mitte. Es sollten jedoch welche sein, die noch nicht dran waren. Gelingt es einem Kind, bis zum Ende ernst zu bleiben, bekommt es den „Ernst des Tages" verliehen.

Ein Klassiker unter den Kinderspielen und ein garantierter „Gute-Laune-Bringer".

Malspiele

Die Symbole bedeuten

= *Alter*
= *Spielort*
= *Teilnehmerzahl*
= *Material*
= *Vorbereitung*
= *Spieldauer*

Ein Stift, ein Blatt Papier – mehr brauchen Kinder meist nicht, um ihre Fantasie sichtbar zu zeigen. Oder auch mal ein ganz ausgefallenes Kunstwerk zu produzieren. Hier entstehen die originellsten Gemälde.

Schweinchen malen

Das Spiel:

ab 5 Jahren
drinnen
beliebig viele Kinder
Stift, Tapetenrolle, auf die die Schweinchen gemalt werden; Augenbinde
keine
ca. 20 Minuten

Mit verbundenen Augen Borstentiere malen. Da können nur ulkige Viecher bei herauskommen.

So wird gespielt:

Mit verbundenen Augen sitzt ein Kind am Tisch. Auf ein großes Blatt Papier soll es mit einem Filzstift ein „Schweinchen" malen. Dies kann auch durch „Anweisung" der anderen Kinder geschehen, die um das Kind am Tisch herum stehen. Der Zeichner des „Schweinchens", das dem lebendigen Vorbild am nächsten kommt, ist am Ende des Spiels der Gewinner.

Variante:

Mit verbundenen Augen, das ist gar nicht so einfach. Aber schwierig wird es erst dann, wenn das Schweinchen mit der anderen Hand gemalt werden muss. Also Linkshänder mit Rechts und Rechtshänder mit der linken Hand. Um es für schon etwas ältere Kinder dann noch auf die Spitze zu treiben, wird das „Schweinchen" dann auch noch über Kopf gemalt. Und alles ohne Hingucken!

Gesamtkunstwerk

Das Spiel:

- *ab 5 Jahren*
- *drinnen*
- *ab drei Kindern*
- *Papier, Stifte, Klebeband*
- *keine*
- *ca. 15 Minuten*

Je mehr kleine Künstler, umso fantasievoller wird's.

So wird gespielt:

Mehrere DIN-A4-Blätter werden hintereinander geklebt und an den Klebestellen umgeklappt. Auf das erste Blatt malt nun das erste Kind zum Beispiel einen Kopf. Dann wird diese Zeichnung weggeklappt und das nächste Kind malt auf das leere Blatt den Hals. Dann wird das Blatt wieder umgeklappt und das nächste Kind ist an der Reihe. So geht es immer weiter, bis alle Kinder dran waren und ein komplettes Tier vom Kopf bis zum Schwanz gezeichnet worden ist. Dann wird das Gesamtkunstwerk auseinander geklappt und bestaunt, was dabei herausgekommen ist.

Ratemaler

Das Spiel:

- *ab 6 Jahren*
- *drinnen*
- *ab sechs Kindern*
- *Tafel, Kreide, Stifte, Papier*
- *Aufgaben vorbereiten*
- *30 bis 60 Minuten*

Einen Gegenstand oder eine Tätigkeit zeichnerisch darstellen – das kann ja wohl nicht schwer sein?

So wird gespielt:

Vorab bereitet der Spielleiter auf kleinen Zetteln die Aufgaben vor. Dann werden zwei Mannschaften gebildet. Aus der ersten Mannschaft wird ein Kind bestimmt, das zeichnen soll. Dieses Kind bekommt vom Spielleiter den Zettel gezeigt und zeichnet nun an eine Tafel oder auf ein großes Blatt Papier, auf das alle Kinder sehen können, den gesuchten Begriff. Dabei dürfen beide Mannschaften fleißig mit raten. Die Mannschaft, die den Begriff als Erste erkennt, bekommt einen Punkt gutgeschrieben. Sobald der Begriff erraten ist, bekommt das Kind vom Spielleiter den nächsten Begriff gezeigt. Gespielt wird dabei auf Zeit. Wenn die Zeit abgelaufen ist, kommt die andere Mannschaft mit einem Zeichner dran. Von Runde zu Runde kann es dabei immer schwieriger werden.

Besonders schwierig wird es, wenn die Begriffe nicht mehr einen Gegenstand, sondern eine Tätigkeit oder etwas Abstraktes bezeichnen, wie Reise oder Glück.

Ratespiele

Die Symbole bedeuten

- *= Alter*
- *= Spielort*
- *= Teilnehmerzahl*
- *= Material*
- *= Vorbereitung*
- *= Spieldauer*

Raten macht Spaß und ist eine Herausforderung für die Beobachtungsgabe. Kinder sind gute Beobachter – und haben manchmal verblüffend kreative Erklärungen für das, was sie sehen.

Ein Räuber, der nichts sehen kann

Das Spiel:

ab 4 Jahren
drinnen
ab drei Kindern
Augenbinde, kleine Süßigkeiten, Erdnüsse
keine
ca. 10 Minuten

Erdnuss oder Süßigkeit? Das ist hier die entscheidende Frage …

So wird gespielt:

Auf einem Tisch Süßes wie Kaubonbons, Lollis, bunte Schoko-Dragees, Schokoladenstückchen, Mini-Schokoküsse oder Kekse verteilen. Dazwischen werden aber auch Erdnüsse verteilt. Das Verhältnis von Süßigkeiten und Erdnüssen sollte etwa 1:1 sein. Einem Kind werden die Augen verbunden, dann darf es mit einer Hand nach den Süßigkeiten tasten und so viel davon nehmen, bis es eine Erdnuss aufhebt. Dann ist das nächste Kind dran. Zwischendurch immer mal wieder die Süßigkeitenbestände nachfüllen.

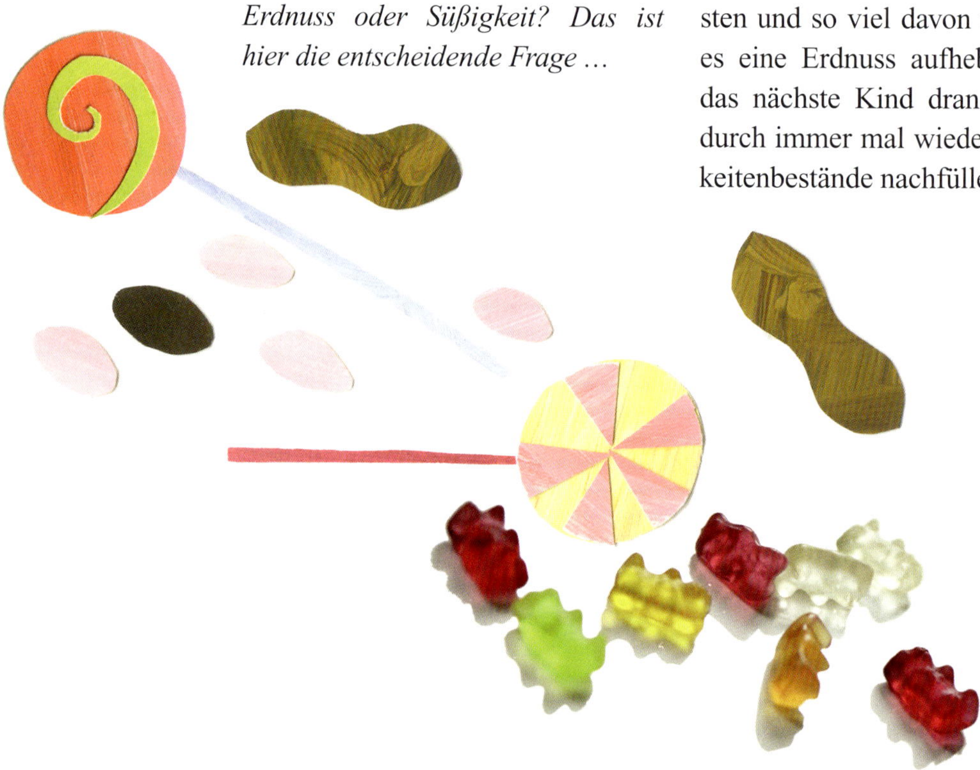

Das verbotene Gummibärchen

Das Spiel:

- *ab 5 Jahren*
- *drinnen*
- *ab fünf Kindern*
- *ein Teller, Gummibärchen*
- *keine*
- *ca. 1 bis 5 Minuten pro Runde*

Das Lieblingsspiel für alle Kinder, die Gummibärchen mögen!

So wird gespielt:

Alle Kinder setzen sich an einen Tisch. Darauf steht ein Teller, auf dem 20 bunten Gummibärchen liegen. Jetzt muss sich eines der Kinder, der „Gummibärenjäger", wegdrehen und sich mit den Händen die Augen zuhalten. Dann tippt sein linker Nachbar auf das verbotene Gummibärchen. Anschließend darf sich der Gummibärchenjäger wieder umdrehen und so lange Bärchen von dem Teller nehmen, bis er das verbotene Gummibärchen anfasst. Wenn das geschieht, rufen alle schnell: „Stopp! Dieses Gummibärchen ist verboten!" Alle bisher eingesammelten Bärchen darf der Jäger natürlich behalten.

Die fehlende Zahl an Bärchen wird ergänzt und der nächste Spieler darf ran, sobald ein neues verbotenes Gummibärchen ausgewählt worden ist.

Eins, zwei, drei, vier, wer steht hinter dir?

Das Spiel:

- *ab 5 Jahren*
- *drinnen oder draußen*
- *ab fünf Kindern*
- *keines*
- *keine*
- *ca. 5 Minuten*

Wer gut hinhört, erkennt auch eine verstellte Stimme ganz leicht.

So wird gespielt:

Ein Kind wird ausgewählt und hält sich die Augen zu. Dann tritt ein anderes Kind hinter das Kind und fragt mit verstellter Stimme: „Eins, zwei, drei, vier, wer steht hinter dir?" Das erste Kind kann jetzt sofort antworten oder noch Fragen über das andere Kind stellen, zum Beispiel „Hast du blonde Haare?" Diese Fragen müssen dann die anderen Kinder beantworten. Das ausgewählte Kind darf maximal drei Fragen stellen, dann muss es einen Namen nennen. Wenn es richtig rät, muss das andere Kind raten. Wenn das ausgewählte Kind falsch rät, bekommt das andere eine kleine Belohnung und das ausgewählte Kind muss noch einmal erraten – aber natürlich ein anderes Kind.

Wo ist das Bonbon?

Bekannt ist die klassische Form mit drei halben, golden bemalten Walnussschalen und einer getrockneten Erbse.

Das Spiel:

- *ab 5 Jahren*
- *drinnen oder draußen*
- *drei bis acht Kinder*
- *drei Streichholzschachteln, Bonbons*
- *Streichholzschachtel einheitlich bekleben*
- *ca. 2 Minuten pro Runde*

Dabei den Überblick zu behalten, ist gar nicht so einfach. Aber vielleicht hilft am Ende das Rätselglück?

So wird gespielt:

Die drei Streichholzschachteln so vorbereiten, dass sie sich zum Verwechseln ähnlich sehen, zum Beispiel durch Überkleben mit einer farbigen Folie. Dann wird vor den Augen der Kinder in eine der Schachteln ein Bonbon gelegt. Anschließend die Schachteln nebeneinander auf den Tisch stellen und sie dann durch hin- und herschieben durcheinander bringen.
Jetzt dürfen die Kinder reihum raten, in welcher Schachtel das Bonbon ist. Wer es als Erstes erraten hat, darf das Bonbon behalten.
Dann wird die Schachtel für die nächste Runde präpariert. Als erstes Kind darf dann das raten, das nach dem Kind, das in der Vorrunde richtig geraten hat, an der Reihe gewesen wäre.

Kinder erraten

Das Spiel:

- *ab 5 Jahren*
- *drinnen oder draußen*
- *ab fünf Kindern*
- *Tuch zum Augenverbinden*
- *keine*
- *ca. 10 Minuten*

Sich nur auf seine Hände zu verlassen, das ist manchmal gar nicht so einfach.

So wird gespielt:

Die Kinder stellen sich im Kreis auf. Jetzt wird ein Kind ausgewählt und in den Kreis geführt. Hier muss es sich der Reihe nach alle Kinder anschauen. Dann werden dem Kind die Augen verbunden. Damit das Kind die Orientierung verliert, wird es ein paar Mal um seine Achse gedreht. Inzwischen können die anderen Kinder ganz leise ihre Positionen wechseln. Mit Hilfe des Spielleiters wird das Kind in der Mitte zu einem der Kinder hingeführt. Jetzt darf das Kind das andere mit den Händen betasten, um herauszufinden, wer es ist. Hat das Kind das andere erraten, darf es weitermachen, bis es einmal rum ist. Dann ist das nächste Kind dran.

Das Kind, das am Ende die meisten anderen Kinder erkannt hat, ist der „Meister der Erkenntnis" und bekommt einen kleinen Preis.

Was mag der Schatten meinen?

Das Spiel:

- *ab 6 Jahren*
- *drinnen*
- *beliebig viele Kinder*
- *Lampe, Bettlaken*
- *keine*
- *ca. 30 Minuten*

Schattentheater macht Spaß – vor allem Spaßvögeln, die andere gern auf den Holzweg locken.

So wird gespielt:

Ein Bettlaken wird zum Beispiel in einer Tür aufgespannt. Hinter das Laken mit etwas Abstand eine helle Lampe stellen. Zwischen Lampe und Bettlaken stellt sich ein Kind und spielt etwas vor. Anhand des Schattens sollen die Kinder auf der anderen Seite erraten, worum es sich dabei handelt. Das Kind hinter dem Laken muss schweigen, darf aber pantomimisch Hinweise geben.

Variante:

Die Kinder werden in zwei Gruppen eingeteilt. Ein Kind der einen Gruppe steht hinter dem Laken, die Kinder der anderen Gruppe müssen dann raten, um wen es sich dabei handelt. Natürlich darf das Kind hinter dem Laken etwas „tricksen“, damit es nicht allzu einfach ist.

Bei diesem kreativen Spiel können die Kinder ihre ganze Fantasie zeigen. Zum Start ist es eine Hilfe, wenn man den Kindern einige Begriffe vorgibt.

Klamotten raten

Kindern macht es sehr viel Spaß, sich zu verkleiden. Warum denn nicht bei diesem lustigen Spiel einfach die Faschingskostüme oder abgelegte Erwachsenenkleidung herausholen?

Das Spiel:

- *ab 6 Jahren*
- *drinnen*
- *ab fünf Kindern*
- *keines*
- *keine*
- *ca. 5 Minuten pro Runde*

Wer hier aufs Detail achtet, hat gute Chancen zu gewinnen.

So wird gespielt:

Alle Kinder haben ihre Schuhe an und stellen sich in einer Reihe auf. Ein Kind wird ausgesucht, das sich alle Schuhe anschauen darf. Dann wird das Kind rausgeschickt. Die anderen ziehen jetzt ihre Schuhe aus und stellen sie in einer anderen Reihenfolge auf. Das hinausgeschickte Kind darf wieder hereinkommen und jedem Kind seine Schuhe zuordnen. Für jedes richtig zugeordnete Paar Schuhe gibt es einen Punkt.

Variante 1:

Die Schuhe werden nicht nebeneinander gestellt, sondern auf einen Haufen geworfen. Anschließend muss das ausgewählte Kind die richtigen Schuhpaare finden und jedem Kind seine Schuhe wieder geben.

Variante 2:

Die Kinder können auch Kleidungsstücke austauschen und das Kind, das rausgeschickt wurde, muss sagen, was falsch ist.
Es kann auch nur ein Kind seine Kleidung verändern und das Kind, das herausgeschickt wurde, muss nun herausfinden, wer sich verändert hat. Das erfordert eine sehr gute Beobachtungsgabe.

Kinder, wie die Zeit vergeht

Das Spiel:

- *ab 7 Jahren*
- *drinnen oder draußen*
- *beliebig viele Kinder*
- *Briefumschläge, Zettel, Stifte*
- *bei der Einladung darum bitten, ein oder mehrere Babyfotos mitzubringen*
- *ca. 10 Minuten*

Wirklich erstaunlich, wie sehr man sich in wenigen Jahren verändern kann.

So wird gespielt:

Jedes Kind bringt von sich ein Babyfoto mit. Die Mutter vom Geburtstagskind steckt jedes Foto in einen Umschlag. Dann werden die Umschläge unter den Kindern verteilt. Entweder wird zusammen geraten, welches Babyfoto zu welchem Kind gehört. Man kann auch auf die Umschläge je eine Zahl schreiben. Dann bekommt jedes Kind einen Zettel und Stift. Es schaut sich der Reihe nach die Bilder an und schreibt dann auf, welches Kind zu welcher Zahl passen könnte.

Wer bin ich?

Das Spiel:

- *ab 7 Jahren*
- *drinnen oder draußen*
- *beliebig viele Kinder*
- *Klebeschildchen, Etiketten*
- *kleine Schildchen, auf denen immer der Name eines Geburtstagsgastes steht*
- *ca. 10 Minuten*

Wer geschickt fragt, kriegt es am schnellsten heraus.

So wird gespielt:

Jedes Kind bekommt den Namen eines anderen Kindes der Geburtstagsparty auf den Rücken geklebt. Durch Fragen an die anderen Kinder versucht es dann herauszubekommen, welchen Namen es hat.

Variante:

Statt einem Namen wird dem Kind ein Tierbild auf den Rücken geheftet. Eines oder mehrere andere Kinder machen nun dieses Tier vor und das Kind muss erraten, welches es ist. Klar, dass dabei nicht geredet werden darf.
Auch älteren Kindern macht das Spiel Spaß, zum Beispiel wenn nach bekannten Künstlern Sportler oder andere Prominente gesucht wird.

Scharade

Das Spiel:

ab 8 Jahren
drinnen oder draußen
beliebig viele Kinder
keines
keine
ca. 5 Minuten pro Runde

Manchmal kann eine Geste mehr als tausend Worte sagen.

So wird gespielt:

Der Spielleiter gibt ein Thema vor, zum Beispiel „Märchen“. Dann wird ein Kind bestimmt, das sich eine Märchenfigur ausdenkt. Anschließend stellt es diese Figur pantomimisch dar, zum Beispiel den gestiefelten Kater, wie er einen Sack voller Rebhühner nach Hause schleppt oder Rapunzel, wie es sein langes Haar herunterlässt. Dann müssen die Kinder raten, was dargestellt worden ist. Das Kind, das die Pantomime vorgeführt hat, darf Tipps geben – aber nur pantomimisch. Reden ist verboten.

Variante:

Damit bei vielen Kindern auch alle mal dran kommen mit der Scharade, können auch kleine Gruppen gebildet werden. Dann führen die Kinder zusammen etwas auf.

Wie hast du dich verändert!

Das Spiel:

ab 6 Jahren
drinnen
ab vier Kindern
verschiedene Bekleidungsstücke, Tücher, Masken
keine
ca. 30 Minuten

Schon ein altes Sprichwort sagt: Kleider machen Leute. Manchmal ganz andere, als man erwartet.

So wird gespielt:

Ein Kind wird ausgewählt und muss das Zimmer verlassen. Die anderen fangen jetzt an, sich zu verkleiden. Mit großen Jacken, Stoffen oder Tüchern. Außerdem können sie sich auch kleiner machen und hinhocken oder sich strecken und auf einen Hocker stellen. Wenn sich alle bis zur Unkenntlichkeit verkleidet haben, wird das ausgewählte Kind hereingerufen. Es muss jetzt raten, welches Kind sich hinter welcher Verkleidung versteckt.

Wie viele Finger halt ich hoch?

Das Spiel:

- *ab 6 Jahren*
- *drinnen oder draußen*
- *ab vier Kindern*
- *keines*
- *keine*
- *ca. 1 Minute pro Raterunde*

Zwischendurch ein bisschen raten. Da können die Kinder etwas verschnaufen, wenn es vorher allzu wild geworden ist.

So wird gespielt:

Ein Kind wird ausgewählt. Eine Hand hält es auf den Rücken und spreizt einen, mehrere oder auch gar keinen Finger ab. Dann fragt es ein Kind: „Wie viele Finger halt ich hoch?“ Rät das Kind richtig, darf es als Nächstes ein anderes Kind fragen. Die anderen Kinder oder ein Erwachsener sollten dabei kontrollieren, dass nicht gemogelt wird.

Variante:

Das Kind ruft ein anderes in den Kreis. Dieses muss sich bücken, dann klopft das ausgewählte Kind ihm auf den Rücken. Die andere Hand mit den ausgestreckten Fingern hält es so, dass die anderen Kinder das sehen können, hoch und fragt: „Wie viele Finger halt ich hoch?“ Wenn das Kind falsch rät, darf ein anderes in den Kreis. Das Kind, das richtig rät, bekommt aber eine Belohnung.

Ohne Schiedsrichter geht es dabei nicht. Die Versuchung, etwas zu flüstern, ist im Spieleifer zu groß.

Wo bin ich gerade?

Das Spiel:

- *ab 9 Jahren*
- *drinnen oder draußen*
- *beliebig viele Kinder*
- *keines*
- *keine*
- *beliebig lang*

Wie mit fantasievoller Umschreibung aus etwas Gewöhnlichem etwas Geheimnisvolles wird.

So wird gespielt:

Ein Erwachsener fängt an zu erzählen. Er beschreibt einen Ort, zum Beispiel einen Bahnhof. Zuerst erzählt er etwas Allgemeines darüber, etwa dass es ein großes Gebäude ist, in das jeden Tag viele Menschen hineingehen und herauskommen, dass dort eine große Uhr hängt, weil auf Pünktlichkeit viel Wert gelegt wird – auch wenn das nicht immer klappt. Es dort viele Geschäfte gibt, man dort Fächer mieten kann, in die etwas Wertvolles eingeschlossen wird.

Nach und nach kann der Erzähler immer konkreter werden. Etwas über eiserne Schienen erzählen, auf denen riesige stählerne Ungetüme fahren, Menschen in blauen Uniformen in Pfeifen pusten und kleine rote oder grüne Schildchen hochhalten, es Anzeigetafeln gibt, auf denen die Namen von weit entfernten Orten stehen. Das Kind, das als Erstes errät, dass es sich (wie in diesem Beispiel) um einen Bahnhof handelt, darf weiter darüber erzählen oder sich einen neuen Ort ausdenken. Wenn es selbst keinen weiß, kann es natürlich den Spielleiter fragen und sich beraten lassen.

Was bin ich?

Das Spiel:

- *ab 10 Jahren*
- *drinnen*
- *ab sechs Kindern*
- *keines*
- *kleine Belohnungen*
- *5 bis 10 Minuten pro Runde*

Das lustige Beruferaten aus dem Fernsehen kann man auch prima selbst spielen.

So wird gespielt:

Ein Kind wird ausgewählt. Es überlegt sich einen Beruf und flüstert ihn dem Spielleiter ins Ohr. Das Kind hat sich zum Beispiel den Beruf „Bäcker“ ausgesucht. Der Spielleiter gibt dann einen Tipp, zum Beispiel kann er sagen „Bennys Beruf ist ein Handwerk“. Dann macht das Kind noch eine typische Handbewegung und die anderen Kinder dürfen reihum eine Frage stellen. Die Frage muss aber so gestellt sein, dass mit „Ja“ oder „Nein“ geantwortet werden kann. Bei der Antwort „Ja“ darf weiter gefragt werden, bei „Nein“ bekommt das Kind, dessen Beruf erraten werden soll, eine kleine Nascherei. Wird eine Frage gestellt, die man nicht eindeutig mit „Ja“ oder „Nein“ beantworten kann, darf der Fragesteller eine neue Frage stellen. Wenn nach zehn „Nein“ nicht geraten wurde, um welchen Beruf es sich handelt, hat das Kind gewonnen und darf seinen Beruf nennen. Dann ist ein anderes Kind dran. Errät ein Kind vor dem zehnten „Nein“ den Beruf, darf es als Nächstes fragen: „Was bin ich?“

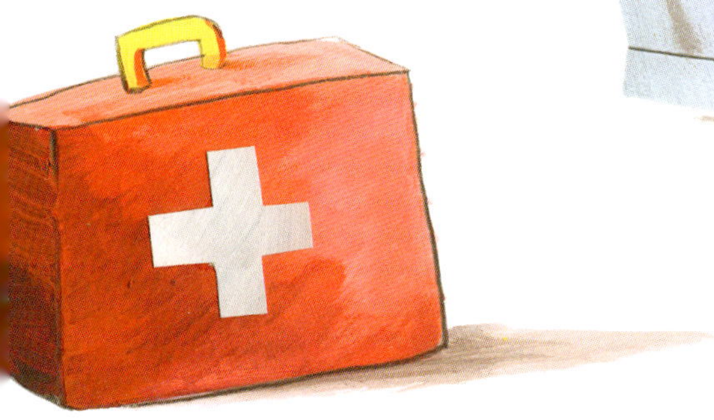
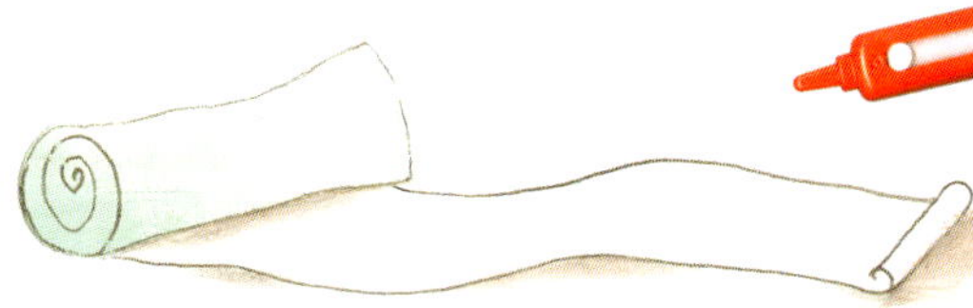

Märchen raten

Das Spiel:

- *ab 8 Jahren*
- *drinnen oder draußen*
- *ab fünf Kindern*
- *keines*
- *keine*
- *ca. 10 Minuten*

Kinder lieben Märchen und kennen oft die kleinsten Details ganz genau.

So wird gespielt:

Ein Kind wird hinausgeschickt, die anderen Kinder beraten, welches Märchen das ausgewählte Kind erraten soll. Dann wird das hinausgeschickte Kind wieder hereingeholt und stellt sich jetzt vor dem ersten Kind auf. Dieses Kind beginnt mit einem ganz allgemeinen Hinweis, zum Beispiel: „Das Märchen, das ich meine, spielt im Wald.“ Dann ist das nächste Kind mit einem Hinweis an der Reihe. So geht es immer weiter, bis das Kind das Märchen erraten hat. Ein Erwachsener kann dabei mitzählen, wie viele Hinweise das Kind braucht, bis es das Märchen erraten hat. Wer am wenigsten Hinweise benötigt, gewinnt. Damit die Hinweise bei manchen Kindern nicht allzu leicht und bei anderen dafür allzu schwer sind, kann auch noch die Regel eingeführt werden, dass das Kind, bei dem das Märchen erraten wurde, ein Pfand abgeben muss.

Rätselfragen

Das Spiel:

- *ab 10 Jahren*
- *drinnen oder draußen*
- *ab drei Kindern*
- *keines*
- *Rätselfragen überlegen*
- *ca. 10 Minuten*

Kinder sind von Rätseln fasziniert. Damit es aber auch ein Spiel ist und die Kleinen mit Freude dabei sind, dürfen die Rätsel nicht so schwer sein.

So wird gespielt:

Der Spielleiter liest das Rätsel vor, dann müssen die Kinder raten. Wenn die Kinder nicht gleich darauf kommen, kann man etwas Hilfestellung geben und anschließend, wenn das Rätsel geknackt ist, die Lösung erklären.

Einige Beispiele:

Es hat viele Häute und wer ihr zu nahe kommt, muss furchtbar weinen. (Zwiebel)

Es hat ein Haus, in dem vier kernige Typen wohnen. (Apfel)

Es ist ein Stein, der aufrecht steht. (Schornstein)

Es geht den ganzen Tag und die ganze Nacht und bleibt doch immer am selben Platz. (Uhr)

Bei welchem Spiel kann man nicht gewinnen? (Beim Beispiel)

Was unterscheidet den Dezember von allen anderen Monaten? (Die anderen haben kein „d“)

Es ist ein Stuhl, hat aber keine Beine. (Dachstuhl)

Es hat einen Kamm und doch keine Frisur. (Hahn)

Es spricht alle Sprachen, hat keinen Mund und ist trotzdem überall zu hören. (Echo)

Ich sitze auf einem Pferd. Vor mir ist ein Ruderboot, hinter mir ein Hubschrauber, links von mir ein Schwan, rechts ein Motorrad. Wo bin ich? (Im Karussell)

Es hängt an der Wand und gibt dir jeden Tag die Hand. (Handtuch)

Es sieht aus wie eine Katze, miaut wie eine Katze, ist aber keine Katze. (Kater)

Es hat fünf Finger und ist doch keine Hand. Es ist ein Schuh und hat doch keine Sohle. Manchmal ist es weiß, manchmal schwarz, manchmal braun. (Handschuh)

Spiele zur Beruhigung

Die Symbole bedeuten

= *Alter*
= *Spielort*
= *Teilnehmerzahl*
= *Material*
= *Vorbereitung*
= *Spieldauer*

Stundenlang Vollgas geben, für Kinder kein Problem. Aber manchmal braucht auch der ausdauerndste Geburtstagsgast einfach mal fünf Minuten Auszeit. Oder vielleicht doch zehn?

Besuch vom fremden Stern

Das Spiel:

- *ab 6 Jahren*
- *drinnen*
- *ab drei Kindern*
- *Fotos, Zeichnungen, Abbildungen von Gegenständen, die Kinder gut beschreiben können*
- *keine*
- *ca. 15 Minuten*

Wer beschreibt Dinge, ohne sie beim Namen zu nennen?

So wird gespielt:

Ein Außerirdischer hat der Erde einen Besuch abgestattet und ist nun wieder nach Hause zurückgekehrt. Klar, dass die dortigen Aliens furchtbar neugierig sind und alles ganz genau wissen wollen. Da der kleine Erdenbesucher leider ziemlich vergesslich ist und nicht mehr weiß, wie die Erdlinge die Dinge nennen, kann er sie nur beschreiben. Als kleine Gedankenstütze zeigt ihm der Spielleiter dazu Fotos von den Sachen, die der kleine Außerirdische beschreiben soll. Da wäre zum Beispiel ein Bus: Die Erdlinge, erzählt der Besucher-Alien, haben sehr große Gegenstände, an denen sich große runde schwarze Räder befinden. Damit kann sich das Ding, was ich meine, sehr schnell vorwärts bewegen. Drinnen sitzt ein Pilot und hinter dem Piloten stehen und sitzen ganz viele Erdlinge. Außerdem hält dieser Gegenstand regelmäßig an. Dann können Erdlinge aus- oder einsteigen.

Das Kind, das als Erstes errät, worum es sich hierbei handelt, darf der nächste Außerirdische sein. Wenn der Außerirdische den Gegenstand so beschreibt, dass kein Kind die Lösung erraten kann, muss der Außerirdische ein kleines Pfand abgeben.

Auf jeden Topf passt ein Deckel

Das Spiel:

- *ab 4 Jahren*
- *drinnen*
- *ab drei Kindern*
- *Gläser, Töpfe, Deckel, Verschlüsse etc., zwei Kisten*
- *keine*
- *ca. 10 Minuten*

Probieren geht hier wirklich über studieren.

So wird gespielt:

Die Gefäße kommen in eine Kiste, die Deckel in die andere. Ein Kind wird ausgewählt. Es darf jetzt aus einer Kiste einen Gegenstand herausnehmen und dann in der anderen nach dem passenden Deckel suchen.

Variante:

Für etwas ältere Kinder kann man es schwieriger gestalten, indem vorher die Augen verbunden werden.
Eine andere Möglichkeit: Aus einer Kiste einen Gegenstand nehmen, dann in der anderen „blind" nach dem passenden Gegenstück suchen. Gewonnen hat dann, wer am schnellsten alle Deckel und Töpfe richtig zuordnet.

Das Ganze kann man auch gegen die Uhr spielen und der Schnellste gewinnt.

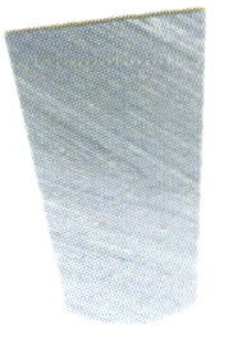

Such den Zwilling

Das Spiel:

- *ab 5 Jahren*
- *drinnen oder draußen*
- *ab zwei Kindern*
- *Pappkarton, verschiedene Gegenstände*
- *je paarweise seitlich in den Karton ein Loch schneiden, groß genug für beide Hände*
- *ca. 10 Minuten*

Hier kommt es auf den Tastsinn an.

So wird gespielt:

In einen Pappkarton werden kleine Gegenstände gelegt: Knöpfe, Münzen, Stifte, Löffel, Würfel, Becher. Jeder Gegenstand ist doppelt vorhanden. Aufgabe ist es, die gleichen Gegenstände herauszufinden. Um es dem Kind am Anfang etwas leichter zu machen, einen Gegenstand hoch halten und das Kind bitten, den anderen herauszusuchen.

Variante:

Etwas schwieriger wird es, wenn das Kind zum Beispiel alle Gegenstände heraussuchen soll, die eine Farbe haben oder aus Metall oder eckig oder rund sind.

Ringlein, Ringlein, du musst wandern

Ist der Gegenstand ein Bonbon, dann darf das Kind, das errät, wo es sich gerade befindet, das Bonbon als Belohnung einstecken.

Das Spiel:

- *ab 5 Jahren*
- *drinnen*
- *ab fünf Kindern*
- *ein kleiner Gegenstand, der sich gut in einer Kinderhand verbergen lässt*
- *keine*
- *ca. 10 Minuten*

Hier ist Geschicklichkeit gefragt, denn still und heimlich muss das „Ringlein" weitergegeben werden.

So wird gespielt:

Die Kinder sitzen im Kreis, eines steht in der Mitte. Die Kinder haben einen Ring, ein Geldstück oder einen anderen kleinen Gegenstand, den sie möglichst unauffällig von einem Kind zum anderen weitergehen lassen. Wenn das Kind in der Mitte herausfindet, welches Kind den Gegenstand gerade hat, darf es in den Kreis und das andere Kind kommt in die Mitte.

Dabei singen die Kinder oder sagen den Vers auf, wenn die Melodie nicht bekannt ist:

Ringlein, Ringlein,
du musst wandern,
von dem einen Kind
zum andern.
Das ist fein,
das ist schön,
lasst das Ringlein nur
nicht seh'n.

Am Ende des Verses muss das ausgewählte Kind dann sagen, bei wem es das Ringlein vermutet.

Doppelgänger ertasten

Das Spiel:

- *ab 5 Jahren*
- *drinnen*
- *drei bis sechs Kinder*
- *je zwei gleiche Gegenstände heraussuchen, wie Deckel von Marmeladengläsern, kleine Konservendosen, Stifte, kleine Kästchen, Löffel, Tuch zum Augenverbinden*
- *die gleichen Gegenstände jeweils gleich bekleben*
- *ca. 5 Minuten*

Hier kommt es auf wirklich gutes Fingerspitzengefühl an.

So wird gespielt:

Zwei gleiche Gegenstände werden gleich beklebt, zum Beispiel mit rauem oder glattem Papier, Filz, oder auch Dreiecken, Vierecken, Rechtecken, Quadraten. Einem Kind werden mit einem Tuch die Augen verbunden. Dann wird ihm ein Gegenstand gereicht. Durch Betasten der anderen Gegenstände muss es dann den Doppelgänger heraussuchen.

Geschichtenerzähler

Das Spiel:

- *ab 5 Jahren. Der Erzähler darf auch schon älter sein.*
- *drinnen*
- *ab fünf Kindern*
- *Gegenstände*
- *kleine und größere Gegenstände zusammensuchen*
- *ca. 10 Minuten*

Immer schön aufpassen, was gerade erzählt wird!

So wird gespielt:

Einige kleine Gegenstände (Tiere, Spielzeug, Werkzeug) werden auf den Tisch gelegt. Dann wird ein Kind ausgewählt. Es darf sich für ein paar Minuten die Gegenstände ansehen und sich eine Geschichte ausdenken. Dann fängt das Kind langsam an, die Geschichte zu erzählen. Immer dann, wenn darin einer der auf dem Tisch liegenden Gegenstände vorkommt, laufen alle Kinder zum Tisch und versuchen, den Gegenstand zu erwischen. Sind es viele Kindern, können sie in zwei Gruppen geteilt werden. Dann bekommt jede Gruppe eine Glocke. Die Gruppe, die bei der Nennung eines der Gegenstände zuerst die Glocke läutet, bekommt dann einen Punkt gutgeschrieben.

Der Topf ist voll

Das Spiel:

- ab 7 Jahren
- drinnen
- beliebig viele Kinder
- kleiner Topf, Wasser, kleine flache oder auch etwas dickere Gegenstände wie Münzen, Knöpfe, Murmeln
- keine
- 5 bis 10 Minuten pro Runde

Was bringt den Topf mit Wasser wohl zum Überlaufen?

So wird gespielt:

Ein kleiner Topf wird bis knapp unter den Rand mit Wasser gefüllt. Immer zwei Kinder spielen gegeneinander. Abwechselnd dürfen sie nun einen Knopf, eine Münze oder einen anderen kleinen Gegenstand in den Topf werfen. Bei wem das Wasser überläuft, der hat verloren.

Nasch-Memory

Das Spiel:

- ab 6 Jahren
- drinnen
- ab vier Kindern
- 24 Joghurt-Becher, verschiedene kleine Süßigkeiten, je ein Paar
- die Joghurt-Becher alle gleich bekleben
- ca. 5 Minuten pro Runde

Unter den Bechern verbirgt sich Süßes. Aber nur, wer zwei gleiche findet, darf sie auch behalten.

So wird gespielt:

Die Joghurt-Becher werden in Reih und Glied auf den Tisch gestellt. Darunter werden Süßigkeiten verteilt. Dabei müssen immer zwei von einer Sorte vorhanden sein, zum Beispiel Bonbons, Schokoladenstückchen oder auch Rosinen und Erdnüsse. Das Geburtstagskind darf anfangen, indem es zwei Becher umdreht. Hat es zwei gleiche Süßigkeiten gefunden, darf es die nehmen und behalten. Anschließend werden die Becher wieder herumgedreht. Wer die meisten Süßigkeiten sammelt, gewinnt. Dann kann noch eine nächste oder übernächste Runde gespielt werden.

Familienbild

Das Spiel:

- *ab 6 Jahren*
- *drinnen*
- *ab sechs Kindern*
- *Digitalkamera*
- *Digitalkamera bereitlegen*
- *ca. 20 Minuten*

Wer steht neben wem? Wer hat was an? Da muss man sich schon ganz schön viel merken können.

So wird gespielt:

Zwei Kinder werden ausgewählt, während sich die anderen Kinder zu einem Gruppenbild aufstellen. Die beiden ausgewählten Kinder prägen sich nun alles möglichst gut ein. Es wird davon mit der Digitalkamera ein Bild gemacht.

Dann werden sie rausgeschickt und die anderen Kinder nehmen nun eine neue Aufstellung ein. Dazu dürfen auch Details verändert werden, wie Pullover tauschen oder die Schuhe ausziehen.

Dann werden die beiden Kinder wieder hereingerufen und müssen nun das „Familienbild" wieder richtig zusammensetzen. Zum Überprüfen kann das vorher gemachte Foto als Hilfe genommen werden.

Variante:* *Für jedes richtige Detail erhält das Kinderteam einen Punkt. Bei mehreren Kindern und wenn viel getauscht wird, sollte vorher von jedem „Familienbild" mit der Digitalkamera eine Aufnahme gemacht werden, dann kann man anschließend leichter vergleichen.

Denkmal

Das Spiel:

- *ab 6 Jahren*
- *drinnen*
- *ab vier Kindern*
- *Tuch zum Augenverbinden*
- *keine*
- *5 bis 10 Minuten pro Runde*

Ein anderes Kind mit den Händen nachahmen. Eigentlich ganz einfach, oder?

So wird gespielt:

Einem Kind werden die Augen verbunden, dann wird es aus dem Zimmer geführt. Dann wird ein anderes Kind „präpariert". Etwas Musik wird eingeschaltet und das Kind tanzt ein wenig herum. Wenn die Musik abgestellt wird, muss es in seiner Bewegung erstarren. Dann wird das erste Kind wieder ins Zimmer geführt. Es darf nun das „erstarrte" Kind für eine kurze Zeit (30 bis 45 Sekunden) befühlen, dann muss es die Pose möglichst genau nachahmen. Anschließend wird dem Kind die Binde abgenommen und verglichen. Eine nette Idee ist es, die beiden „Denkmäler" in ihrer Pose zu fotografieren.

Variante:

Zusätzlich kann das Kind mit der Augenbinde noch versuchen, den Namen des „Denkmals" zu erraten.

Blinde Kuh

Varianten: Ein Kind bekommt eine Glocke, den anderen Teilnehmern werden die Augen verbunden. Diese „blinde Kuhherde" muss nun versuchen, das Kind mit der Glocke zu fangen. Dieses läutet hin und wieder mit seiner Glocke und schleicht ansonsten zwischen den „blinden Kühen" herum. Dabei darf es sich aber nicht schnappen lassen. Die anderen Kühe versuchen, sich durch muhen zu orientieren und das Kind mit der Glocke in die Enge zu treiben. Die „blinde Kuh", die das sehende Kind schließlich schnappt, darf in der nächsten Runde Glockenzeichen geben.

Das Spiel:

- *ab 6 Jahren*
- *draußen oder drinnen*
- *fünf bis zehn Kinder*
- *Tuch zum Augenverbinden*
- *keine*
- *ca. 5 Minuten pro Runde*

Was wir heute als Kinderspiel können, war früher ein beliebter Zeitvertreib der Könige, Fürsten und adeligen Damen.

So wird gespielt:

Durch einen Abzählreim wird ein Kind zur „Blinden Kuh" ernannt. Es steht im Kreis, die Augen sind ihm mit einem Tuch verbunden, die anderen Kinder stehen um die „Blinde Kuh" herum und foppen es durch leichtes Zupfen oder Anfassen. Die „Blinde Kuh" muss nun ganz schnell versuchen, eines der Kinder zu erhaschen. Gelingt es, dann ist das gefangene Kind die nächste „Blinde Kuh" und muss nun versuchen, die anderen zu fangen.

Für meine Reise nehme ich ...

Das Spiel:

- *ab 6 Jahren*
- *drinnen oder draußen*
- *ab fünf Kindern*
- *keines*
- *keine*
- *ca. 10 bis 15 Minuten*

Wenn es gerade hoch herging, ist dieses Spiel genau das richtige, damit sich die Kindergesellschaft wieder etwas entspannen kann.

So wird gespielt:

Die Kinder sitzen im Kreis und wollen verreisen. Dafür müssen sie aber erst einmal sagen, was denn alles mitgenommen werden soll. Das erste Kind beginnt: „Für meine Reise nehme ich eine Hose mit." Das nächste Kind in der Runde spinnt den Faden weiter: „Für meine Reise nehme ich eine Hose und ein Hemd mit." So geht das immer weiter, wobei jedes Mal aufs Neue alles aufgezählt werden muss, was mit soll. Wenn ein Kind einen Gegenstand in der Reihenfolge vergisst aufzuzählen, muss es ein Pfand in die Mitte legen, weil die Reise dann zu Ende ist. Dafür darf das Kind aber eine neue Runde anfangen und den ersten Gegenstand nennen, den es für seine Runde mitnehmen will.

Wahrheit oder Aufgabe?

Das Spiel:

- *ab 8 Jahren*
- *drinnen oder draußen*
- *ab vier Kindern*
- *eine leere Saftflasche*
- *keine*
- *ca. 30 Minuten*

Die Qual der Wahl: Bleib ich bei der Wahrheit oder tue ich, was von mir verlangt wird?

So wird gespielt:

Die Kinder setzen sich im Kreis, das Geburtstagskind darf anfangen. Es sitzt in der Mitte und dreht die Flasche. Dann fragt das Geburtstagskind das Kind, auf das die Flasche zeigt: „Wahrheit oder Aufgabe?“ Das angesprochene Kind muss sich jetzt dafür entscheiden, entweder auf eine Frage wahrheitsgemäß zu antworten oder eine Aufgabe zu erfüllen. Fragen können zum Beispiel harmlos wie: „Was isst du am liebsten?“ sein oder auch für den Antwortenden etwas peinlicher sein wie „Wen liebst du?“ oder „Hast du schon einmal etwas gestohlen?“ Um dem aus dem Weg zu gehen, kann man sich auch für „Aufgabe“ entscheiden. Da können da aber Aufgaben lauern wie „Mach zehn Kniebeugen“ oder „Küsse deine Nachbarin.“ Wenn jemand nachweislich nicht die Wahrheit sagt oder die Aufgabe nicht schafft, muss er ein Pfand abgeben. In der nächsten Runde darf dann das Kind die Flasche drehen, das zuvor antworten oder etwas tun musste.

Man kann auch Karten vorbereiten für Fragen und für Aufgaben. Dann bleiben die Emotionen berechenbar und das Spiel behält den fröhlichen Charakter. Besonders wenn die Kinder schon älter sind, könnte das Spiel sonst eine eigene ungewollte Dynamik entwickeln.

Geschicklichkeitsspiele

Die Symbole bedeuten

= Alter
= Spielort
= Teilnehmerzahl
= Material
= Vorbereitung
= Spieldauer

Stundenlang Kinder wollen entdecken, lernen, ausprobieren – und das alles am liebsten gleichzeitig und auf spielerische Art und Weise. Ob mit einem Zahnstocher Rosinen aufgepickt werden, mit einer Hand Krawatten zu binden sind oder Seilhüpfen auf dem Plan steht: Hauptsache, es macht Spaß, erfordert geschickte Hände und viel Gefühl für Bewegung.
Dann macht es auch nichts, wenn manchmal Geduld die Lösung fürs Problem ist.

Bonbon-Transport

Das Spiel:

ab 4 Jahren
draußen
ab drei Kindern
Bonbons, Löffel, Schüssel
keine
ca. 2 Minuten pro Runde

Mutitalente gesucht: Wer läuft am schnellsten und jongliert dabei am geschicktesten?

So wird gespielt:

Jedes Kind bekommt einen Löffel und eine kleine Schüssel. Dann wird auf einen Tisch eine Schüssel mit Bonbons gestellt. Etwa zehn Meter entfernt wird der Start festgelegt. Beim Startschuss laufen alle Kinder mit ihrem Löffel zur Schüssel. Dort werden mit dem Löffel Bonbons gesammelt und zurück zur Schüssel transportiert. Fallen unterwegs Bonbons herunter, müssen sie liegen bleiben. Nach zwei, drei Minuten pfeift der Spielleiter ab. Kinder, die schon mit einem Bonbon auf dem Weg zur Schüssel sind, dürfen dort noch hingehen und den Bonbon hineinlegen. Dann werden die Bonbons gezählt. Wer die meisten gesammelt hat, gewinnt natürlich.
Haben zwei oder mehrere Kinder gleich viel gesammelt, können sie jetzt den Sieger untereinander durch eine ganz besondere Geschicklichkeitsübung ausmachen: Die Kinder ziehen Schuhe und Strümpfe aus und versuchen, die heruntergefallenen Bonbons mit den nackten Zehen zu ergreifen. Wenn sie einen erwischen, dürfen sie ihn in die Hand nehmen und in der Hosentasche zwischenlagern. Auch hier gilt: Gewonnen hat, wer sich die meisten Bonbons gekrallt hat.

Tanz auf der Zeitung

Das Spiel:

- *ab 4 Jahren*
- *drinnen*
- *ab drei Kindern*
- *für jedes Kind ein Doppelbogen Zeitungspapier*
- *keine*
- *ca. 10 Minuten*

Beim Zusammenfalten der Zeitung können die Eltern gerne helfen.

So wird gespielt:

Jedes Kind bekommt einen doppelten Bogen Zeitungspapier und legt ihn vor sich auf den Boden. Dann wird Musik eingeschaltet und jedes Kind tanzt auf seinem Bogen. Sobald die Musik aufhört, nimmt jedes Kind sein Papier und faltet es um die Hälfte zusammen. Wenn anschließend wieder Musik gespielt wird, tanzt das Kind weiter, bis die Musik erneut unterbricht und das Papier wieder um die Hälfte zusammen gefaltet wird.
So geht es immer weiter und jedes Mal, wenn ein Kind neben das Papier auf den Boden tritt, scheidet es aus. Bis schließlich nur der geschickteste Tänzer übrig bleibt – und der hat dann gewonnen.

Rosinenangeln

Das Spiel:

- *ab 4 Jahren*
- *drinnen oder draußen*
- *ab zwei Kindern*
- *Rosinen, Essstäbchen, Schaschlikspieße*
- *keine*
- *ca. 15 Minuten*

Die Erfolgsformel für viele Rosinen heißt: Glück beim Würfeln und geschickt pieken.

So wird gespielt:

Auf den Tisch wird eine Schüssel mit Rosinen gestellt, daneben ein Paar Essstäbchen und Schaschlikspieße legen. Dann wird reihum gewürfelt. Das erste Kind, das eine Sechs würfelt, nimmt die Essstäbchen oder Schaschlikspieße und versucht, so schnell es geht eine Rosine nach der anderen aus der Schüssel zu nehmen. Sobald aber das nächste Kind eine Sechs würfelt, müssen die Stäbchen oder Spieße weitergegeben werden.

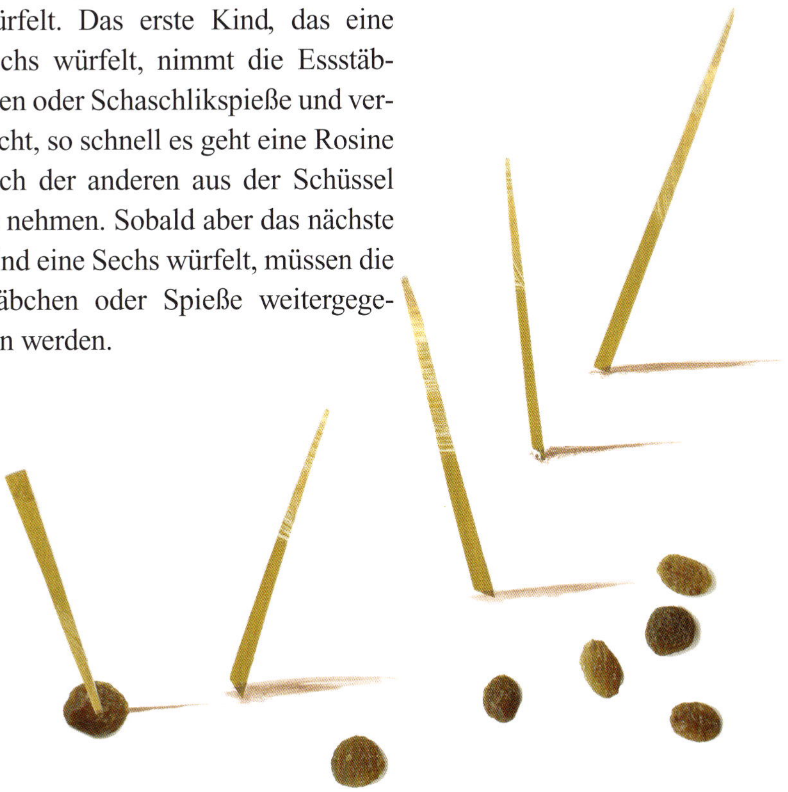

Watteböllchen pusten

Das Spiel:

- *ab 4 Jahren*
- *drinnen*
- *ab drei Kindern*
- *Strohhalm, kleine Wattebälle*
- *keine*
- *ca. 5 Minuten pro Runde*

Beim Pusten den Watteball schön in der Mitte treffen, dann rollt er am besten vorwärts.

So wird gespielt:

Jedes Kind bekommt einen kleinen, aus Watte geformten Ball und einen Strohhalm. Die Kinder knien an der Startlinie, auf ein Zeichen fangen alle an, den Watteball mit dem Strohhalm in Richtung Ziel zu pusten.

Variante:

Statt eines Strohhalms bekommt jedes Kind einen Luftballon, der nach dem Start zuerst aufpustet wird. Dann wird die Öffnung des Ballons in die Nähe des Balls gehalten, wenn jetzt die Luft ausströmt, soll sich der Watteball vorwärts bewegen. Verboten ist es, mit seiner Luft den Watteball eines anderen Kindes aus der Bahn zu schubsen. Wenn keine Luft mehr im Luftballon ist, darf er neu aufgepustet werden. Wer schummelt, muss noch einmal von vorn anfangen.

Schlangenkönig

Das Spiel:

- *ab 4 Jahren*
- *draußen oder in einem großen Zimmer*
- *ab fünf Kindern*
- *keines*
- *keine*
- *ca. 10 Minuten*

Erwischt der Schlangenkopf sein schlängelndes Hinterteil, wird ein neuer König fällig.
Je mehr Kinder mitspielen, desto schöner ist dieses Spiel.

So wird gespielt:

Das Geburtstagskind ist der Schlangenkönig. Alle anderen Kinder stellen sich hinter den Schlangenkönig, wobei jedes den Vordermann leicht an den Hüften hält. Wenn sich alle aufgestellt haben, muss der Schlangenkönig versuchen, sein „Hinterteil", also den Letzten in der Reihe, zu erwischen. Das ist damit natürlich nicht einverstanden und bleibt immer schön in Bewegung. Ist es doch passiert, dann darf der Schlangenkönig ans Ende der Schlange und muss sich nun selbst gegen den neuen „Schlangenkönig" wehren.

Wird der Schlangenkönig drinnen gespielt, muss viel freier Platz vorhanden sein.

Das Untertassen-U-Boot-Spiel

Das Spiel:

- *ab 5 Jahren*
- *drinnen*
- *ab vier Kindern*
- *eine flache Wanne, Wasser, eine Untertasse*
- *Wanne mit Wasser füllen*
- *5 bis 10 Minuten pro Runde*

Bloß nicht zu viel Wasser nehmen, sonst ist das Untertassen-U-Boot gleich gesunken!

So wird gespielt:

Auf den Tisch eine flache Wanne mit Wasser stellen. Auf das Wasser vorsichtig eine Untertasse setzen. Jedes Kind erhält einen Löffel. Reihum darf jetzt einer nach dem anderen mit seinem Wasser Löffel schöpfen und auf die Untertasse geben. Das Kind, das zu viel Wasser drauflöffelt und die Untertasse zum Sinken bringt, hat verloren und muss ein Pfand abgeben.

Variante:

Statt nur zu löffeln, müssen die Kinder vorher würfeln. Wer eine Sechs würfelt, nimmt nicht seinen eigenen Löffel, sondern muss mit einem großen Suppenlöffel etwas Wasser auf die Untertasse geben.

Wie fühlt sich eine Murmel an?

Das Spiel:

ab 5 Jahren
drinnen oder draußen
beliebig viele Kinder
kleine, große, runde, eckige Sachen sammeln, ein Korb oder Sack, eine Augenbinde, Glaskugeln als Gewinn
Utensilienkiste und Stoppuhr bereitlegen
ca. 5 Minuten pro Kind

Dieses Spiel ist reine Gefühlssache und Tastsinn ist hier wichtig.

So wird gespielt:

Einem Kind werden die Augen verbunden, dann darf es in einem Korb mit vielen möglichst runden Sachen (Kastanien, Holzkugeln, Scheiben) nach der Glaskugel suchen. Wenn es diese gefunden hat, darf das Kind sie behalten.

Verkleidungsrennen

Das Spiel:

ab 5 Jahren
draußen
ab sechs Kindern
alte Erwachsenenkleidung
keine
ca. 10 Minuten

Schnell laufen und sich schnell umziehen. Alles kein Problem, außer die Klamotten sind viel zu groß.

So wird gespielt:

Die Kinder bilden zwei Mannschaften, die gegeneinander spielen. Jede Mannschaft erhält ein paar Erwachsenenstiefel (am besten Gummistiefel), Erwachsenenjacken und Mützen. Das erste Kind jeder Mannschaft muss die Sachen anziehen und dann eine vorher vereinbarte Strecke laufen. Dann zieht es die Sachen schnell wieder aus und übergibt sie an das nächste Kind seiner Mannschaft. Gewonnen hat am Ende die Mannschaft, die als Erste die Strecke bewältigt hat. Wer mag, kann auch noch kleine Hindernisse einbauen. Unter einer Bank durchkriechen, über einen kleinen Eimer springen, einmal um einen Baum herumlaufen oder zwischendrin schnell ein paar Dinge zusammen suchen, die dann von einem Helfer wieder verteilt werden, bevor das nächste Kind kommt.

Stangentanz

Das Spiel:

- *ab 5 Jahren*
- *drinnen*
- *ab drei Kindern*
- *Stühle, ein Besenstiel, Bücher oder Kartons zum Einstellen der Höhe*
- *keine*
- *ca. 20 Minuten*

Hier sind gelenkige und geschickte Tänzer gefragt. Und auf keinen Fall die Latte berühren!

So wird gespielt:

Zuerst werden zwei Stühle mit den Lehnen gegenüberstellen, dazwischen etwa einen bis 1,20 Meter Platz lassen. Über die Lehnen wird dann ein Besenstiel oder eine dünne Latte gelegt. Der Spielleiter schaltet etwas poppige Musik ein. Nacheinander darf jetzt jedes Kind unter dem Stiel hindurchtanzen, zum Beispiel indem es sich zurücklehnt wie ein Limbo-Tänzer, sich bückt oder in die Hocke geht. Am Anfang ist das noch ganz einfach, aber dann wird es schwieriger. Die Stühle werden umgedreht, auf beide Sitzflächen Bücher oder flache Kartons gestapelt, dann der Besenstiel oder die Latte wieder draufgelegt. Es ist jetzt schon niedriger als vorher. Dann tanzen die Kinder wieder darunter hindurch, ohne das Hindernis zu berühren. Nach und nach wird immer weiter abgesenkt. Wenn ein Kind bei einer Höhe dreimal hintereinander das Hindernis berührt, scheidet es aus und bekommt einen kleinen Trostpreis. Am Ende gewinnt, wer auch unter der ganz niedrig gelegten Latte hindurchkommt.

Bei diesem Spiel, nicht vergessen zu fotografieren. Wenn der Sieger eine Urkunde mit Bild bekommt, ist das eine schöne Erinnerung.

Der Wickelmeister

Das Spiel funktioniert natürlich auch mit Süßigkeiten, die man an der Schnur befestigen kann.

Das Spiel:

- *ab 5 Jahren*
- *drinnen*
- *ab vier Kindern*
- *Holzlöffel, Schnur, Brezeln, Spielzeugautos. Bei kleineren Kindern sollte der Stiel des Löffels noch etwas dicker sein.*
- *keine*
- *ca. 2 Minuten pro Runde*

Wer kommt am schnellsten an die Brezel? Hier ist sehr viel Geschick gefragt.

So wird gespielt:

Auf eine Schnur (etwa 1 Meter lang) wird eine Brezel gefädelt, bis sie in der Mitte ist. Dann nehmen zwei Kinder jeweils ein Ende der Schnur in den Mund. Auf Kommando versuchen sie dann, möglichst schnell an die Brezel heranzukommen, um sie zu essen.

Variante:

Wenn die Kinder keine Schnur in den Mund nehmen sollen, kann man auch mit Schnur und einem Holzlöffel spielen. Ein Schnurende wird mit Klebeband am Löffelstiel befestigt, das andere Ende zum Beispiel an einem kleinen Spielzeugauto. Zwei Löffel mit Schnur und Auto vorbereiten. Dann spielen immer zwei Kinder gegeneinander. Wer zuerst das Auto am Löffel hat, gewinnt und kommt in die nächste Runde. Der Verlierer bekommt einen Trostpreis.

Geschicklichkeitsessen

Das Spiel:

- *ab 5 Jahren*
- *drinnen*
- *beliebig viele Kinder*
- *großer Teller, Mehl, Löffel, Schokolinsen*
- *eventuell Digitalkamera*
- *ca. 10 Minuten pro Runde*

Hier braucht man eine ruhige Hand oder einen spitzen Mund. Denn mit dem muss man notfalls die Schokolinse aus dem Mehl „retten“.

So wird gespielt:

Auf einem großen, flachen Teller einen Mehlberg formen, auf den oben drauf eine Schokolinse gelegt wird. Jedes Kind bekommt einen kleinen Löffel. Das Erste fängt an und entfernt etwas vom Mehl unter oder neben der Süßigkeit. Aber es muss vorsichtig sein, da das Kind, bei dem die Schokolinse vom Mehl herunterrutscht, diese anschließend mit dem Mund einsammeln muss. Hände oder gar den Löffel darf es dabei aber nicht zu Hilfe nehmen. Damit es hinterher noch was zu lachen gibt, können von den „Rettungsversuchen“ Bilder gemacht werden.

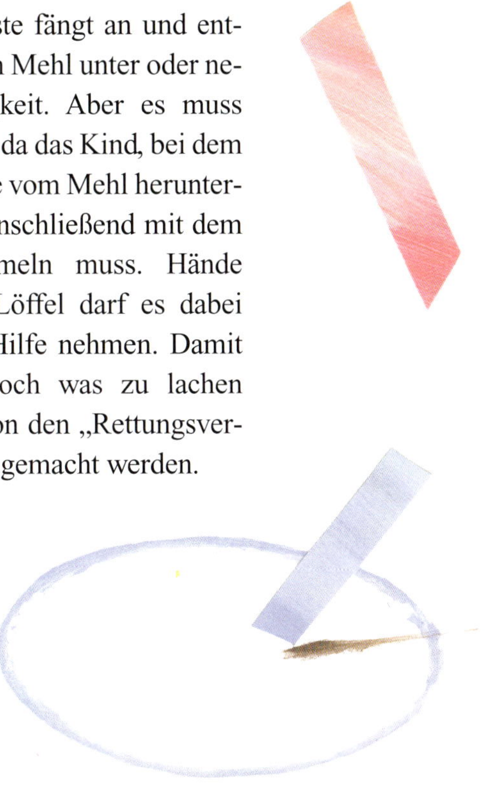

Im Kreis hüpfen

Das Spiel:

- *ab 5 Jahren*
- *draußen*
- *ab fünf Kindern*
- *etwas Kreide für jedes Kind*
- *keine*
- *ca. 15 Minuten*

Vorsicht beim Hüpfen! Wer nicht in einem Kreis landet, muss als Jäger in die Mitte.

So wird gespielt:

Die Kinder stehen in einem nicht zu engen Kreis. Ein Kind wird ausgewählt. Alle anderen zeichnen einen kleinen Kreis um ihre Füße. Das Kind ohne Kreis stellt sich in die Mitte. Auf ein Kommando muss jetzt jedes Kind aus seinem Kreis heraus und sich einen neuen suchen. Gleichzeitig versucht das Kind in der Mitte, selbst wieder in einen Kreis zu gelangen. Das Kind, das dann keinen Kreis mehr hat, muss in die Mitte und sich in der nächsten Runde einen neuen suchen.

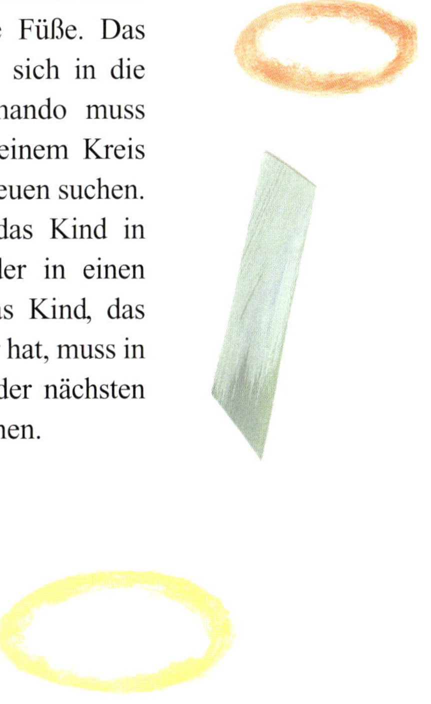

Himmel und Hölle

Das Spiel:

ab 5 Jahren
draußen
ab vier Kindern
Kreide
keine
ca. 20 Minuten

Wer hier himmelhoch hüpfend nicht aufpasst, landet ganz schnell in der Hölle.

So wird gespielt:

Am besten auf Asphalt oder Pflastersteine wird das Feld gemalt. Probeweise darf vorab jedes Kind einmal durchhüpfen. Als Fehler gilt, wer mit einem oder beiden Füßen auf eine Linie gerät, ein Feld auslässt oder gar in der Hölle landet. Der erste Durchgang ist normal mit beiden Füßen. In jedem weiteren Durchgang wird es dann immer schwieriger. Mit gekreuzten Beinen, abwechselnd auf einem Bein, mit verbundenen Augen, dabei ein volles Glas Wasser balancieren, aus dem nichts verschüttet werden darf, rückwärts … Wer dabei nicht aufpasst und daneben hüpft, wird in die Hölle verbannt.

Variante:

Himmel und Hölle wird auch gern mit einem Spiel- oder „Hickelstein" gespielt. Dabei wird der Hickelstein am Anfang in das erste Spielfeld gelegt. Von dort aus muss er dann mit dem Fuß ins nächste Feld geschnickert werden. Erst wenn das gelungen ist, darf weiter gehüpft werden. Wer das bis „9" schafft und auch wieder heil zurückkommt, darf dies im nächsten Durchgang zum Beispiel auf einem Fuß hüpfend versuchen. Zusätzlich kann über dem Himmel auch noch ein Postfeld eingezeichnet werden. Wenn der Stein in diesem Feld landet, darf nicht mehr geredet oder gelacht werden. Klar, dass die Mitspieler nichts Besseres zu tun haben, als genau das zu erreichen.

Schnecke

Das Spiel:

- *ab 5 Jahren*
- *draußen*
- *ab drei Kindern*
- *Kreide, Spielstein*
- *keine*
- *beliebig lang*

Hier führt die Spirale zum Ziel.

So wird gespielt:

Eine große Schnecke wird aufgezeichnet, mit einem Startfeld, daran anschließend weitere Felder, die spiralförmig ins Zentrum führen, wo man sich im Schneckenhaus ausruhen darf. Die Felder werden dann nummeriert.

Im ersten Durchgang wird nur auf dem rechten Bein hinein- und wieder hinausgehüpft. Dann wird ein Spielstein ins erste Feld gelegt und muss übersprungen werden. Auf dem Rückweg wird er dann ins dritte Feld gelegt.

Varianten: Erst wird der Stein in alle ungeraden Zahlen gelegt, danach alle geraden. Wer die gestellte Aufgabe fehlerlos erfüllt hat, darf ein Kästchen für sich beanspruchen. Dieses Kästchen (das Schneckenhaus ist verboten!) darf dann kein anderer Mitspieler mehr betreten. Der Spieler, dem dieses Kästchen gehört, darf sich dort aber jederzeit ausruhen.

Storch und Frosch

Das Spiel:

- *ab 5 Jahren*
- *draußen. Wenn drinnen gespielt wird, den Raum möglichst frei räumen, damit sich niemand verletzt.*
- *ab fünf Kindern*
- *keines*
- *keine*
- *ca. 15 Minuten*

Auf einem Bein zu stehen, ist gar nicht so einfach – macht aber den Kindern riesigen Spaß!

So wird gespielt:

Ein Kind wird als Storch ausgewählt. Es muss auf einem Bein stehen und versuchen, die anderen Kinder zu fangen. Die sind die Frösche und hocken um den Storch herum und quaken ganz laut. Wenn der Storch herangehüpft kommt, müssen sie versuchen, schnell wegzuspringen. Wenn der Storch einen Frosch fängt, ist das gefangene Kind der neue Storch.

Kirschkerne spucken

Statt zielsicherem Spucken kann auch ein Weitspuck-Wettbewerb ins Leben gerufen werden. Am besten eine Rolle Tapetenpapier auslegen und die erzielten Weiten darauf eintragen.

Das Spiel:

ab 5 Jahren
draußen
ab drei Kindern
dicker Filzstift zum Aufzeichnen, großes Stück Papier (Tapete), Kirschen, Block zum Notieren der Punktzahlen, Kugelschreiber
keine
ca. 15 Minuten

Erst süße Kirschen naschen und dann die Kerne möglichst zielgenau spucken. Ein Spaß, den sogar manche Erwachsene noch mögen sollen.

So wird gespielt:

Auf ein großes Blatt Papier wird eine Zielscheibe mit verschiedenen großen Ringen gemalt. Für jeden Ring gibt es eine bestimmte Punktzahl, zum Beispiel für den äußersten Ring 5 Punkte, für den nächsten Ring 10 Punkte usw. Wer genau in die Mitte trifft, bekommt die meisten Punkte. Das Papier wird in etwas Abstand ins Gras gelegt.

Nacheinander darf nun jedes Kind auf die Scheibe spucken. Der Spielleiter notiert dazu die Punktezahl. Gewonnen hat, wer nach einer verabredeten Anzahl von Runden die meisten Punkte hat.

Variante 1:

Vor Spielbeginn kann auch eine Punktzahl festgelegt werden, Zum Beispiel 50 oder 100 Punkte. Bei jedem Treffer wird die getroffene Punktzahl abgezogen. Gewonnen hat, wer zuerst bei Null ist.

Ballon-Kampf

Das Spiel:

- *ab 5 Jahren*
- *draußen*
- *ab drei Kindern*
- *für jedes Kind ein Luftballon, Schnur*
- *Luftballons aufblasen*
- *ca. 10 Minuten*

Gar nicht so einfach: Seinen eigenen Luftballon beschützen und gleichzeitig die der Konkurrenz kaputtzumachen – und alles ohne Hände.

So wird gespielt:

Jedes Kind bekommt einen Luftballon, an dem eine kurze Schnur befestigt ist. Die Schnur wird am Fuß befestigt. Dann versuchen die Kinder, sich gegenseitig den Luftballon mit den Füßen kaputtzutreten. Aber Achtung: Die Hände gehören dabei auf den Rücken und es darf nicht heftig geschubst werden.

Strohhalm-Spiel

Das Spiel:

- *ab 5 Jahren*
- *drinnen*
- *ab fünf Kindern*
- *Strohhalme, Schüsseln, leichte Dinge zum Ansaugen, zum Beispiel Blätter, Papierschnipsel, Schokolinsen*
- *keine*
- *ca. 10 Minuten*

Der beste Sauger gewinnt.

So wird gespielt:

Jedes Kind bekommt einen Strohhalm und eine Schüssel. Dann werden Blätter oder Papierschnipsel ausgelegt. Jedes Kind nimmt seinen Strohhalm an einem Ende in den Mund und versucht nun, Blätter oder Papierschnipsel mit dem Strohhalm anzusaugen und in seine Schüssel zu legen. *Wichtig:* Dabei dürfen die Hände nicht zu Hilfe genommen werden. Gewonnen hat, wer am Ende die meisten Dinge in seiner Schüssel hat.

Variante:

Statt Papierschnipseln lässt sich das Spiel auch sehr gut mit einer großen Packung Schokolinsen spielen. Dazu verteilt der Spielleiter eine ganze Tüte davon auf dem Tisch. Jedes Kind versucht nun, möglichst viele Schokolinsen in seine Tasse zu „saugen“. Die Hände dürfen dabei selbstverständlich nicht benutzt werden. Genauso verboten ist Schubsen oder Drängeln.

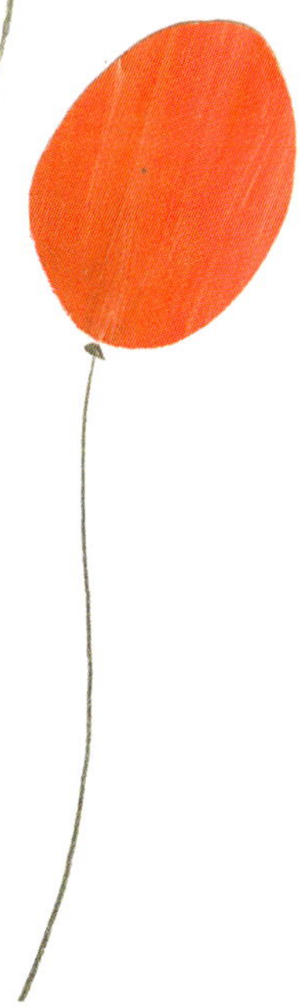

Nasenrallye

Das Spiel:

ab 5 Jahren
draußen oder drinnen
ab vier Kindern
Äpfel oder Orangen, Zettel und Stift zum Notieren der Ergebnisse
Hindernisparcour
ca. 20 Minuten

Wer den besten Riecher zum Rollen bei diesem Spiel hat, gewinnt.

So wird gespielt:

Eine große Orange oder ein Apfel müssen mit der Nase über eine festgelegte Strecke ins Ziel gebracht werden. Dabei dürfen weder Hände, Arme, Knie oder Füße zu Hilfe genommen werden. Wer mogelt, muss zurück an den Start.

Variante:

Immer zwei Kinder treten gegeneinander an. Dabei wird dann die Zeit gestoppt. Wer gewinnt, kommt in die nächste Runde, der Verlierer erhält einen Trostpreis. Statt einer geraden Strecke kann auch ein kleiner Hindernisparcours aufgebaut werden. Oder in der Wohnung aus dem Wohnzimmer raus, über den Flur und wieder zurück. Der Sieger am Schluss ist die neue „Supernase" und darf sich Nasen-Weltmeister nennen.

Der Sieger bekommt die vorbereitete Siegerplakette aus Pappe mit der Aufschrift „Supernase des Jahres" verliehen.

Ballonhüpfen

Das Spiel:

- *ab 5 Jahren*
- *draußen*
- *ab drei Kindern*
- *Luftballone*
- *Luftballone aufblasen*
- *ca. 10 Minuten*

Wer hüpft am besten, ohne dabei seinen Ballon kaputtzumachen?

So wird gespielt:

Die Kinder stellen sich an der Startlinie auf. Jedes bekommt einen Luftballon (sollte nicht zu groß sein) und klemmt ihn sich zwischen die Knie. Auf Kommando wird losgehüpft. Das Kind, das zuerst mit seinem Ballon über die Ziellinie hüpft, hat gewonnen. Wer seinen Luftballon unterwegs platzen lässt, muss zurück an die Startlinie. Denn nur dort gibt es einen neuen.

Variante: Auf der Strecke können kleine Hindernisse eingebaut werden. Etwas höhere Leinen, unter denen die Kinder hindurchhüpfen müssen oder auch eine Leine flach über dem Boden, die übersprungen werden muss. Ballonhüpfen geht auch als Weitsprung. Dabei muss das Kind aus dem Stand möglichst weit hüpfen. Benötigt werden Luftballons, Hindernisse, Zentimetermaß, Papier und Stift zum Festhalten der Ergebnisse.

Kartoffelfechten

Das Spiel:

- *ab 5 Jahren*
- *drinnen oder draußen*
- *ab drei Kindern*
- *Kochlöffel, Kartoffeln oder Tennisbälle*
- *Jedes Kind bekommt zwei Suppen- oder Holzlöffel und eine Kartoffel. Die sollte so groß sein, dass sie gut in den Löffel passt.*
- *ca.15 Minuten*

Angriff oder Verteidigung? Jede Attacke will gut überlegt sein, denn eine unvorsichtige Bewegung, schon fällt die Kartoffel herunter und das Spiel ist verloren.

So wird gespielt:

Jedes Kind bekommt zwei Löffel. Auf den einen Löffel wird die Kartoffel gelegt, der andere Löffel bleibt leer und wird zum „Fechten" benutzt. Verboten ist es, mit dem leeren Löffel nach dem „Kartoffel-Löffel" seines Gegenübers zu schlagen. Die Kunst besteht vielmehr darin, seinen Gegner durchs Fechten so aus der Balance zu bringen, dass er schließlich seine Kartoffel fallen lässt. Passiert das, bekommt der Gegner einen Punkt gut geschrieben. Wer zuerst 5 Punkte erreicht hat, hat gewonnen.

Murmel und Rolle

Das Spiel:

- *ab 6 Jahren*
- *drinnen oder draußen*
- *ab vier Kindern*
- *ein Bettlaken, eine leere Toilettenpapierrolle, eine Murmel*
- *keine*
- *ca. 5 Minuten*

Wenn alles wild durcheinander rollt, wird es Zeit, dass einer sagt, wie es gemacht wird.

So wird gespielt:

Auf ein Bettlaken wird eine leere Toilettenpapierrolle und eine Murmel gelegt. Vier Kinder fassen das Bettlaken jeweils an einer Ecke, ungefähr auf Brusthöhe. Dann versuchen die Kinder, durch Anheben oder Absenken ihrer Ecke die Murmel durch die Toilettenpapierrolle laufen zu lassen.

Variante:

Wird mit mehr als vier Kindern gespielt, verteilen sich die Mitspieler entlang des Saums des Bettlakens.

Klammerwettlauf

Das Spiel:

- *ab 6 Jahren*
- *draußen oder drinnen*
- *ab sechs Kindern*
- *Schnur, farbige Wäscheklammern*
- *Wäschleine befestigen*
- *ca. 5 Minuten*

Wäscheklammern transportieren ist nicht schwer. Aber wie sieht es aus, wenn sie schnell an der Leine befestigt werden müssen?

So wird gespielt:

An einer Wäscheleine hängen beispielsweise sechs rote und sechs grüne Wäscheklammern gemischt durcheinander. Die Kinder werden in zwei Gruppen eingeteilt. Die eine Gruppe bekommt zum Beispiel sechs gelbe, die andere sechs blaue Klammern. Beide Gruppen müssen nun versuchen, ihre Wäscheklammern auszutauschen. Das geht so: Die eine Gruppe hängt ihre gelben hin und nimmt die roten ab, die andere Gruppe tauscht die blauen gegen die grünen. Wenn das geschafft ist, läuft jedes Kind zu seiner Gruppe zurück und übergibt die Wäscheklammern an das nächste Kind. Dieses darf dann auf Angabe vom Spielleiter nicht laufen, sondern muss hüpfen oder krabbeln.

Kartoffelschwinger

Das Spiel:

- *ab 6 Jahren*
- *draußen, am besten im Gras*
- *ab fünf Kindern*
- *Schnur, Kartoffeln, Stift, Flasche, Kugelschreiber, Ball*
- *keine*
- *ca. 5 Minuten pro Kind*

Mit perfektem Hüftschwung klappt's garantiert.

So wird gespielt:

Benötigt werden eine Schnur und eine Kartoffel. Das eine Ende der Schnur wird an dem Hosenbund befestigt, das andere an der Kartoffel. Darauf achten, dass die Schnur so lang ist, dass die befestigte Kartoffel etwa in Höhe des Fußknöchels schwingt. Dann wird eine Strecke von etwa 5 bis 10 Meter abgesteckt. An den Startpunkt wird ein Gummiball gelegt. Das Kind muss jetzt versuchen, die Kartoffel so schwingen zu lassen, dass sie gegen den Ball prallt und ihn vorwärts bewegt. Den Ball mit den Füßen zu kicken oder mit den Händen zu berühren ist selbstverständlich streng verboten. Wer's trotzdem tut, darf noch einmal von vorne anfangen.

Statt Kartoffel und Ball geht auch ein Kugelschreiber und eine Flasche. Dabei muss jedes Kind versuchen, seinen Kugelschreiber in die Flasche hineinzubekommen. Der Kugelschreiber wird mit einer Schnur verbunden, die wird am Gürtel des Kindes fest gemacht. Die Schnur sollte so lang sein, dass das obere Ende des Kugelschreibers ungefähr auf gleicher Höhe mit der Öffnung des Flaschenhalses ist. Durch Hüfteschwingen muss der Kugelschreiber also etwas in die Höhe gebracht werden, damit er dann in den Flaschenhals rutscht.

Geruchsspiel

Das Spiel:

- *ab 6 Jahren*
- *drinnen*
- *beliebig viele Kinder*
- *duftende Dinge, Augenbinden*
- *duftende Sachen sammeln, zum Beispiel Parfüm, Obst, Gemüse, Käse usw.*
- *ca. 10 Minuten*

Sich mit der Nase ähnlich gut orientieren wie mit den Augen ist gar nicht so einfach.

So wird gespielt:

Hier kommt es darauf an, dass die Kinder Dinge am Geruch erkennen. Dazu verbindet man einem Kind die Augen und lässt es nacheinander an verschiedenen Dingen schnuppern (zum Beispiel Parfüm, Obst, Gemüse, Käse, Aromatee).

Ballübergabe

Das Spiel:

- *ab 6 Jahren*
- *drinnen oder draußen*
- *beliebig viele Kinder*
- *ein oder zwei Tennisbälle*
- *keine*
- *ca. 10 Minuten*

Bei diesem Spiel muss man sich schon ganz schön verrenken, damit der Ball nicht herunterfällt.

So wird gespielt:

Das erste Kind bekommt einen Tennisball und drückt ihn sich mit dem Kinn auf die Brust. Dann versucht es, den Ball an das nächste Kind in der Reihe weiterzugeben, ohne die Hände zu Hilfe zu nehmen.

Variante:

Die Kinder bilden zwei Mannschaften und spielen gegeneinander. Die Mannschaft, welche den Ball am schnellsten vom ersten zum letzten Kind befördern kann, ohne dass der Ball herunterfällt, gewinnt. Fällt er doch herunter, muss wieder von vorne angefangen werden.

Fang den Apfel

Das Spiel:

- *ab 6 Jahren*
- *draußen. Geht aber auch drinnen, dann aber bitte an eine wasserdichte Unterlage denken.*
- *ab vier Kindern*
- *nicht zu große Äpfel, eine Schüssel mit Wasser*
- *keine*
- *ca. 10 Minuten*

Übung macht den Meister auf dem Weg zum Apfelfang-Champion. Am besten spielt es sich mit kleineren und leichteren Äpfeln, die eine nicht zu feste Schale haben.

So wird gespielt:

In einer Schüssel schwimmen ein oder mehrere Äpfel. Nacheinander darf nun jedes Kind versuchen, die Früchte mit den Zähnen herauszufischen. Wer es am schnellsten schafft, hat gewonnen. Aber das ist gar nicht so einfach, denn dabei müssen die Hände auf dem Rücken bleiben – und der Apfel darf mit den Zähnen auch nicht am Stiel gepackt werden.

Damit es nicht zu schwierig für die Kinder wird, können die Äpfel auch in Schnitze geschnitten werden. Ganz wichtig: Halten Sie ein Handtuch bereit. Es könnte eine feuchte Angelegenheit werden.

Dreibeinlauf

Man kann natürlich auch Mannschaften bilden und Wettrennen veranstalten oder die Zeit für eine festgelegte Rennstrecke mit einer Uhr stoppen.

Das Spiel:

- *ab 7 Jahren*
- *draußen*
- *ab sechs Kindern*
- *ein Tuch zum Zusammenbinden der Beine*
- *keine*
- *ca. 10 Minuten*

Viel Gefühl fürs Gleichgewicht, eine gute Abstimmung beim Bewegen, das zeichnet die echten Dreibeinlauf-Champions aus.

So wird gespielt:

Zwei Kinder bilden ein Paar. Damit es etwas einfacher ist, sollten sie ungefähr gleich groß sein. Dann wird das rechte Bein des einen Kindes mit dem linken Bein des anderen oberhalb des Knies mit einem Tuch zusammengebunden. Jetzt müssen die beiden versuchen, möglichst schnell eine vorher festgelegte Strecke zu bewältigen. In den Parcours kann man natürlich nach Lust und Laune kleine Schwierigkeiten einbauen, zum Beispiel über eine niedrige gespannte Leine hüpfen oder darunter hindurchkriechen, über eine flache Wanne mit Wasser springen, über ein Hindernis klettern und noch vieles mehr. Wer als Erster ins Ziel kommt, hat gewonnen. Fällt das Paar unterwegs hin oder geht das Tuch ab, müssen sie zurück zum Start und es noch einmal versuchen.

Variante:

Statt als Paar geht es auch solo. Dann klemmt sich das Kind eine Zeitung zwischen die Knie und versucht nun, möglichst schnell laufend oder hüpfend eine verabredete Strecke zurückzulegen. Geht die Zeitung unterwegs verloren: Zurück zum Start und noch ein Versuch!

Geschickt auf einem Bein

Das Spiel:

ab 7 Jahren
draußen
ab drei Kindern
keines
keine
ca. 5 Minuten pro Runde

Geschickt hüpfen, schubsen und dabei bloß nicht das Gleichgewicht verlieren.

So wird gespielt:

Alle Kinder stehen auf einem Bein. Dann hüpfen sie herum und versuchen, sich gegenseitig so mit der Schulter zu schubsen, dass der jeweils andere die Balance verliert und mit beiden Füßen gleichzeitig den Boden berührt. Beim Hüpfen müssen die Arme hinter dem Rücken sein. Es darf nur die Schulter verwendet werden, nicht Ellenbogen oder Hände. Gewonnen hat, wer als Letzter noch auf einem Bein hüpft.

Variante: Sie können auch ein Spielfeld markieren, das allerdings nicht zu groß sein sollte. Die Kinder müssen nun versuchen, sich aus dem Spielfeld zu drängen. Wer als Letzter noch innerhalb des Feldes ist, hat gewonnen und bekommt einen Preis.

Das verflixte Halstuch

Das Spiel:

ab 7 Jahren
drinnen
ab vier Kindern
ein Halstuch
keine
ca. 5 Minuten

Nicht hingucken und nur mit einer Hand ist dieses Spiel gar nicht so einfach!

So wird gespielt:

Dem Geburtstagskind soll ein schickes, neues Halstuch umgelegt werden. Ein Kind stellt sich hinter das Geburtstagskind und versucht nur mit einer Hand, ihm das Halstuch umzulegen und einen locker sitzenden Knoten hinein zu machen.

Variante:

Richtig schwierig wird es mit einem dünnen, glatten Seidentuch. Kann auch auf Zeit gespielt werden.

Gegenstände ertasten

Das Spiel:

ab 8 Jahren
drinnen
ab vier Kindern
Gegenstände wie Spiel- und Tierfiguren, Würfel, Glasmurmeln, Perlen, Stifte, Spielzeugautos, Teebeutel; ein Tablett, eine Decke. Für jedes Kind Papier und Stift. Wird eine der Varianten gespielt: Wäscheleine, Augenbinde
Gegenstände unter die Decke legen
je nach Menge der Gegenstände etwa 10 Minuten

Gar nicht so einfach, mit den Händen etwas zu erkennen, wofür man sonst seine Augen benutzt.

So wird gespielt:

Unter einer Decke hat der Spielleiter eine Reihe von Gegenständen versteckt. Die Kinder sitzen dicht am Tisch. Jedes hat seine Hände so unter dem Tisch, dass es sie nicht sehen kann. Der Spielleiter nimmt nun verdeckt unter der Decke einen Gegenstand hervor und gibt ihn dem ersten Kind so in die Hand, dass niemand diesen Gegenstand sehen kann. Das Kind darf ihn nun betasten und überlegen, worum es sich bei diesem Gegenstand handelt. Dann gibt es den Gegenstand an seinen Nachbarn weiter und schreibt auf, was es war. Dabei darf nicht geredet werden und natürlich darf auch niemand auf den Zettel vom Nachbarn schielen. Wenn das letzte Kind den Gegenstand betastet hat, gibt es ihn dem Spielleiter zurück. Der legt, natürlich immer noch, ohne dass jemand sieht, was es ist, den Gegenstand zur Seite.

Wenn alle Gegenstände unter der Decke von jedem Kind betastet worden sind, gibt es die Auflösung. Dazu liest der Spielleiter die Reihenfolge der Gegenstände vor. Jedes Kind vergleicht nun, ob es richtig liegt. Wer die meisten Gegenstände richtig erraten hat, ist Sieger.

Variante 1:

Erst nachdem alle Gegenstände herumgereicht wurden, wird aufgeschrieben. Damit können die Kinder ihr Erinnerungs- und Konzentrationsvermögen trainieren. Natürlich sollten es dann höchstens sechs bis zehn Gegenstände sein.

Variante 2:

Die Gegenstände werden an eine Leine gehängt, diese wird dann aufgespannt. Jetzt wird ein Kind mit verbundenen Augen herangeführt. Es muss versuchen, durch Tasten herauszufinden, welche Gegenstände an der Leine hängen.

Die verbotene Zahl

Das Spiel:

- *ab 8 Jahren*
- *drinnen*
- *ab drei Kindern*
- *keines*
- *keine*
- *ca. 10 Minuten*

Je nach Schwierigkeit ein Spiel für geübte Kopfrechner.

So wird gespielt:

Die Kinder sitzen im Kreis und zählen von 1 bis 100. Dabei sagt jedes Kind eine Zahl, dann ist sein Nachbar dran. Wenn die 100 erreicht ist, sagt der Spielleiter, welche Zahl ausgelassen werden soll, zum Beispiel die Fünf. Dann wird wieder reihum gezählt, aber diesmal müssen alle Zahlen, die eine Fünf haben, ausgelassen werden, zum Beispiel 5, 15, 50 oder 85. Um es etwas schwieriger zu machen, können auch zwei Zahlen kombiniert werden, etwa 1 und 4. Dann geht es erst bei 2 los, die 4 fällt weg, ebenso alle Zahlen, die mit 1 oder 4 beginnen.

Variante:

Je nachdem, wie gut die Kinder in den Grundrechenarten bereits rechnen können, lässt sich das Spiel noch verschärfen. Dann dürfen zum Beispiel keine Zahlen genannt werden, die durch sieben geteilt werden können.

Ich kann hüpfen und noch viel mehr …

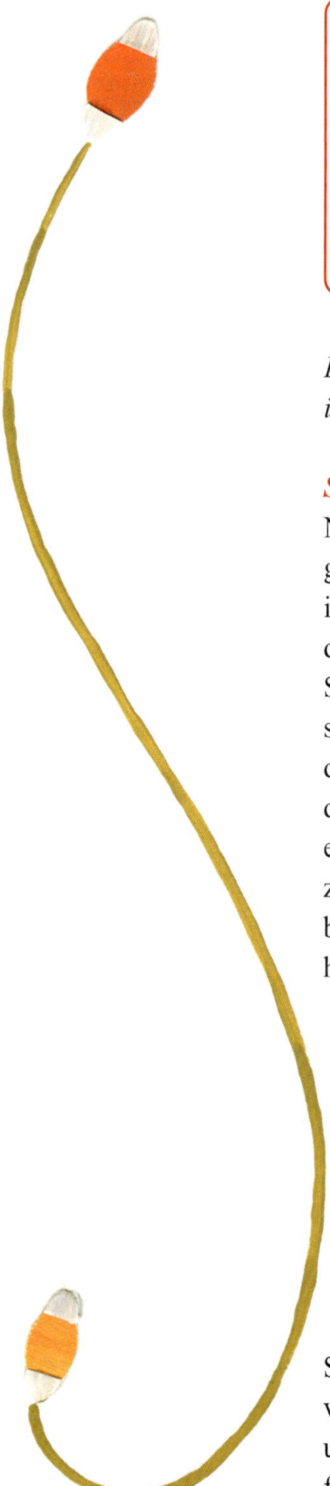

Das Spiel:

- *ab 8 Jahren*
- *draußen*
- *ab drei Kindern*
- *Springseil*
- *keine*
- *beliebig lang*

Ein Seil und etwas Geschick, fertig ist der perfekte Spielspaß.

So wird gespielt:

Nacheinander darf jedes Kind zeigen, was für ein guter Seilhüpfer es ist. Das Seil an den Enden mit beiden Händen gut festhalten, dann das Seil rückwärts über den Kopf schwingen und hüpfen, sobald es in die Nähe der Füße kommt. Während das Seil erneut geschwungen wird, einen Zwischenhopser machen. Gezählt werden aber nur die Hopser, bei denen das Seil unter den Füßen hindurchgeschwungen wird. Nicht gezählt wird, wenn es keinen Zwischenhopser gibt oder das Seil an den Füßen hängen bleibt. Wer die meisten Hüpfer ohne Fehler schafft, gewinnt und ist der neue Hüpf-König oder Hüpf-Königin.

Varianten:

Schon etwas ältere Kinder können versuchen, erst auf dem einen Bein und dann auf dem anderen zu hüpfen, dabei eine Rechenaufgabe zu lösen oder einen Vers aufzusagen:

Ich bin Peter, du bist Paul,
ich bin fleißig, du bist faul.

Oder:

Es hüpft 'ne kleine Springmaus
und das den ganzen Tag.
Mit links, mit rechts, mit beiden,
ganz wie sie es mag.

Oder das Kind sagt beim Hüpfen „Ich kann hüpfen und noch viel mehr …“ und dann dürfen die anderen Kinder dem Hüpfer eine Aufgabe stellen. Natürlich muss das eine sein, bei der man ohne Probleme weiterhüpfen kann, zum Beispiel ganz schnell von 10 bis 0 zählen oder das ABC rückwärts aufsagen oder ausrechnen, wie viel 16 und 47 ist, oder …

Kopf an Kopf

Das Spiel:

- *ab 7 Jahren*
- *draußen oder drinnen*
- *ab sechs Kindern*
- *Gegenstände zum Einsammeln, Körbe, Luftballons, Stoppuhr*
- *Gegenstände auslegen*
- *pro Team ca. 3 Minuten*

Nach Gegenständen Ausschau halten und dabei den Luftballon nicht fallen lassen – da kommt es auf die richtige Teamarbeit an.

So wird gespielt:

Die Kinder bilden Paare. Jedes Paar bekommt einen Ballon und einen Korb. Dann stellt sich das Paar so auf, dass es den Ballon mit der Stirn festhält. Jetzt gehen die beiden Kinder los, um unterwegs Dinge einzusammeln. Klar, dass dabei die Zeit gestoppt wird.

Gewonnen hat das Spielteam, welches die meisten Gegenstände eingesammelt hat. Fällt der Ballon aber zwischendurch herunter, muss ein bereits eingesammelter Gegenstand zur Strafe wieder herausgegeben werden.

Wenn die Kinder bei disem Spiel schon Profis sind, kann man als Handicap ein wenig Wasser in die Ballons füllen. Das ist vor allem im Sommer ein zusätzlicher Spaß.

Schwammdrücken

Das Spiel:

- ab 5 Jahren
- am besten draußen
- beliebig viele Kinder
- Schüsseln, Wasser, Becher, Schwamm
- für jedes Kind einen Becher und einen Schwamm. Wichtig: Die Schwämme müssen die gleiche Größe haben.
- ca. 10 Minuten pro Runde

Alle Kinder spielen gern mit Wasser und Schwammdrücken ist ein Spiel, bei dem es auf Strategie ankommt, wenn man es gegen die Uhr spielt. Denn nur wer weiß, wie schnell sich der Schwamm vollsaugt und wie viel Wasser er anschließend wieder hergibt, hat am Ende gewonnen.

So wird gespielt:

Jedes Kind bekommt zuerst einen Schwamm und einen Becher. Dazu werden mehrere Schüsseln mit Wasser aufgestellt. Das Kind hat gewonnen, das zuerst seinen Becher gefüllt hat. Kann man auch nach Zeit spielen. Die Becher dann dabei nebeneinanderstellen.

Ballonjagd

Das Spiel:

- ab 6 Jahren
- drinnen und draußen
- ab drei Kindern
- Kochlöffel, Luftballone
- keine
- ca. 10 Minuten

Immer schön den Luftballon im Blick behalten und nicht so doll zuschlagen. Luftballons sind ja so empfindlich!

So wird gespielt:

Mit einem Kochlöffel einen Luftballon hochhalten und vorantreiben, um ihn über ein kurze Entfernung von fünf bis zehn Metern in einen Eimer zu bugsieren. Dabei darf nur der Kochlöffel benutzt werden. Berührt der Luftballon unterwegs den Boden, muss der Spieler zurück an den Start.

Variante:

Zwei Mannschaften werden gebildet und die Kinder versuchen, den Ballon in den Eimer der gegnerischen Mannschaft zu treiben. Statt eines Eimers kann auch ein kleines Feld bestimmt werden, zum Beispiel ein kleiner Kreis, der mit Kreide auf den Boden gemalt wird oder ein Rahmen aus breiteren Papierstreifen als Tor.

Eierlauf

Das Spiel:

- *ab 6 Jahren*
- *draußen*
- *ab sechs Kindern*
- *pro Kind ein hart gekochtes Ei und einen Löffel, Material für einen Hindernislauf*
- *Eier kochen*
- *ca. 10 Minuten*

Wer kann schnell laufen und dabei sicher balancieren?

So wird gespielt:

Jedes Kind bekommt einen Löffel und ein Ei. Dann müssen die Kinder paarweise gegeneinander laufen. Der Sieger kommt eine Runde weiter, der Verlierer kommt in die Trostrunde. Hier tritt er gegen einen anderen Verlierer an. Der Sieger aus diesem Duell darf dann im „Hoffnungslauf“ versuchen, weiterzukommen.

Variante 1:

Damit der Lauf nicht zu einfach wird, kann man einen Hindernisparcour aufstellen.

Variante 2:

Um den Eierlauf noch schwieriger zu gestalten, kann man auch einen Staffellauf daraus machen. Dabei bilden die Kinder zwei Mannschaften und das Ei muss jeweils an den nächsten Staffelläufer weitergegeben werden.

Statt eines Eies kann man auch einen Tischtennisball nehmen.

Sprachspiele

Die Symbole bedeuten
- = *Alter*
- = *Spielort*
- = *Teilnehmerzahl*
- = *Material*
- = *Vorbereitung*
- = *Spieldauer*

Jetzt wird es kreativ. Wenn Kinder die Sprache entdecken, stellen sie damit alle möglichen und noch viel mehr unmögliche Sachen an. Der Fantasie sind keine Grenzen gesetzt und der Spaß ist garantiert.

Sag mir das Gegenteil

Dieses Spiel macht Kindern nicht nur Spaß, sondern fördert auch noch ganz nebenbei ihr Sprachgefühl.

Das Spiel:

- *ab 7 Jahren*
- *drinnen oder draußen*
- *ab sechs Kindern*
- *keines*
- *Tuch zum Augenverbinden*
- *ca. 5 Minuten*

Bloß keine Zeit verlieren und immer schön das Gegenteil behaupten. Dann kann man gewinnen.

So wird gespielt:

Die Kinder bilden einen Kreis. Ein Kind wird ausgewählt und in den Kreis gestellt. Dann streckt es einen Arm aus und wird etwas im Kreis gedreht, bis es auf ein Kind zeigt. Dann sagt das Kind im Kreis „Sage mir das Gegenteil von ‚groß'." Das andere Kind muss jetzt schnell mit „klein" antworten. Statt eines Wortes kann das Kind in der Mitte auch einen Satz sagen wie „Das Auto fährt schnell". Eine passende Antwort darauf wäre dann „Die Schnecke kriecht langsam". Selbstverständlich ist, dass es zu dem geforderten Begriff auch ein Gegenteil gibt.

Verbotene Buchstaben

Das Spiel:

- *ab 8 Jahre*
- *drinnen oder draußen*
- *ab fünf Kindern*
- *keines*
- *keine*
- *ca. 10 Minuten*

Bei diesem Spiel muss man genau überlegen, bevor man etwas sagt.

So wird gespielt:

Die Kinder stellen sich in einem Kreis auf. Verboten ist es, nach Ansage einen Vokal zu benutzen, also A, E, I, O oder U. Ein Kind wird als Fragesteller ausgewählt und sagt: „Was soll ich heute essen, aber kein I?“ Antwortet das gefragte Kind dann „Eine Erdbeere“, hat es nicht richtig geantwortet, da im Wort „Eine“ ein „i“ vorhanden ist. Richtig wäre: „Fünf Erdbeeren“.

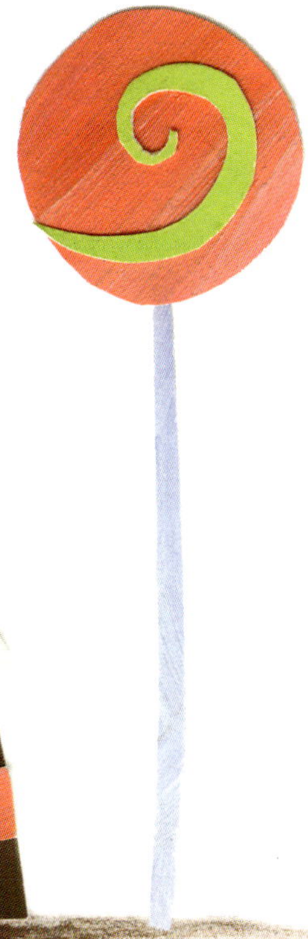

Silbenrätsel

Das Spiel:

- *ab 8 Jahren*
- *drinnen oder draußen*
- *ab fünf Kindern*
- *keines*
- *keine*
- *ca. 5 Minuten*

Alle reden durcheinander. Wie soll man da bloß die Silben in der richtigen Reihenfolge heraushören?

So wird gespielt:

Ein Kind wird rausgeschickt, die anderen überlegen sich ein längeres Wort, zum Beispiel *Warenhaus*. Die Silben, *Wa-ren-haus*, werden auf drei Gruppen verteilt. Jede Gruppe sagt eine Silbe. Dann wird das Kind wieder reingeholt und alle Gruppen reden jetzt durcheinander. Das Kind muss raten, welcher Begriff gesucht wird. Um es noch schwieriger zu machen, können einzelne Gruppen auch mal gar nichts sagen.

Man kann das Spiel auch mit kurzen Sätzen machen. Dann bekommt jede Gruppe ein Wort zugeteilt.

Drei Chinesen mit dem Kontrabass

Das Spiel:

ab 8 Jahren
drinnen
beliebig viele Kinder
keines
keine
ca. 10 Minuten

Eigentlich schade, dass es nur fünf Vokale gibt. Oder weiß jemand noch eine andere Lösung?

So wird gespielt:

Gemeinsam singen die Kinder das Lied von den „Drei Chinesen mit dem Kontrabass“. Dann gibt der Spielleiter jeweils den Vokal vor, der geändert werden soll.

Drei Chinesen mit dem Kontrabass
saßen auf der Straße und erzählten sich was.
Da kam die Polizei: „Ei, was ist denn das?“
Drei Chinesen mit dem Kontrabass.

In der nächsten Strophe werden dann alle Vokale durch „a“ ersetzt

Dra Chanasan mat dam Kantrabass
saßen aaf dar Straßa and arzahltan sach was.
Da kam da Palazaa: „Aa, was ast dann das?“
Dra Chanasan mat dam Kantrabass.

Danach sind die Vokale e, i, o und u dran.

Variante:

Ein anderes Wortspiel ist die „Kleine Wanze“. Hierbei wird in jeder Strophe von der Wanze ein Buchstabe weggelassen. So wird aus der „Wanze“ eine „Wanz“, dann eine „Wan“ und so weiter, bis die kleine Wanze schließlich ganz verschwunden ist. Man kann das dann auch rückwärts machen, bis die Wanze wieder da ist.

Auf der Mauer auf der Lauer sitzt ne kleine Wanze.
Auf der Mauer auf der Lauer sitzt ne kleine Wanze.
Schau dir mal die Wanze an, wie die Wanze tanzen kann.
Auf der Mauer auf der Lauer sitzt ne kleine Wanze.

Auf der Mauer auf der Lauer sitzt ne kleine Wanz.
Auf der Mauer auf der Lauer sitzt ne kleine Wanz.
Schau dir mal die Wanz an, wie die Wanz tanzen kann.
Auf der Mauer auf der Lauer sitzt ne kleine Wanz.

Auf der Mauer auf der Lauer sitzt ne kleine Wan.
Auf der Mauer auf der Lauer sitzt ne kleine Wan.
Schau dir mal die Wan an, wie die Wan tanzen kann.
Auf der Mauer auf der Lauer sitzt ne kleine Wan.

Und immer so weiter.

Befehl vom Mars

Das Spiel:

- *ab 9 Jahre*
- *drinnen*
- *ab fünf Kindern*
- *Kleiderkiste*
- *Geheimsprache lernen, Verkleidung als Außerirdische vorbereiten*
- *ca. 15 Minuten*

Anweisungen zu befolgen, ist nicht schwierig. Außer sie werden in Geheimsprache gestellt.

So wird gespielt:

Für dieses Spiel braucht man etwas mehr Vorbereitung. Am besten treffen sich dazu zwei Kinder schon vor dem Geburtstag, um sich eine Geheimsprache auszudenken und sie etwas zu üben.
Am leichtesten lässt sich eine Geheimsprache erlernen, bei der an einen Vokal (a, e, i, o, u) ein Buchstabe angehängt wird und nach diesem Buchstaben der Vokal noch einmal wiederholt wird. Als Beispiel nehmen wir den Buchstaben b und den Satz „Geh aus dem Zimmer". Daraus wird in der Geheimsprache: Gebe-h aba-ubu-s de-be-m Zi-bi-mmebe-r. Das schnell gesprochen, da muss man schon eine Weile überlegen, bis man drauf kommt.

Am Geburtstag treten die beiden Kinder dann als „Außerirdische" verkleidet auf und „unterhalten" sich in ihrer Geheimsprache mit den anderen Kindern. Irgendwann geben sie dann auch Anweisungen. Das Kind, das die Anweisung befolgt, zum Beispiel „Sebetz dibich abaubuf debem Stubuhl" und sich richtig hinsetzt, bekommt dann eine kleine Belohnung.
Statt dem „b" kann man an jeden Vokal aber zum Beispiel auch ein „lef" anhängen, nach dieser Silbe wird dann der Vokal noch einmal wiederholt.

Variante:

Statt dem Auftritt der Aliens können auch kleine Texte vorbereitet werden, die die Kinder nachsprechen. Anschließend sollen sie dann herausfinden, was gemeint war.

Klar, dass alle Mitspieler auch Geheimnamen bekommen. Jedes Kind darf sich seinen eigenen ausdenken.

Das gemeine Interview

Erschwert werden kann dieses Spiel dadurch, dass weitere Begriffspaare wie „schwarz“ und „weiß“, „heiß“ und „kalt“, „groß“ und „klein“, „jung“ und „alt“ verboten sind.

Das Spiel:

- *ab 9 Jahren*
- *drinnen oder draußen*
- *ab drei Kindern*
- *ein Küchenwecker für die Zeitmessung*
- *Geschichte ausdenken*
- *ca. 1 Minute pro Kind*

Immer schön aufpassen, denn wer ein falsches Wort sagt, verliert.

So wird gespielt:

Der Spielleiter wählt das erste Kind zum Interview aus. Er stellt dem Kind Fragen. Diese Fragen darf es aber nicht mit „Ja“ oder „Nein“ beantworten und außerdem muss das Kind möglichst schnell antworten. Lange überlegen ist nicht erlaubt. Kommt in der Antwort eines der verbotenen Wörter vor, gibt das Kind ein Pfand ab und scheidet aus. Für das Interview sollte eine bestimmte Zeit festgelegt werden, zum Beispiel eine Minute. Hält das antwortende Kind die Zeit durch, hat es gewonnen und hat für diese Leistung einen kleinen Preis verdient. Außerdem darf es dann noch das Kind bestimmen, das als Nächstes interviewt werden soll.

Kettenwörter

Das Spiel:

- *ab 9 Jahren*
- *drinnen oder draußen*
- *ab vier Kindern*
- *Streichhölzer*
- *keine*
- *ca. 10 Minuten*

Wer viele Wörter kennt, hat es womöglich leichter. Aber nur, wenn er auch viele Begriffe weiß.

So wird gespielt:

Ein zusammengesetztes Wort wird vorgegeben, zum Beispiel „Handbuch". Beim nächsten Wort wird der zweite Teil des Worts zum ersten Teil eines neuen Begriffspaars, zum Beispiel „Buchregal". So geht es der Reihe nach immer weiter. Dabei bekommt jedes Kind drei Streichhölzer. Wenn ein Kind zu einem Begriff kein neues Begriffspaar weiß, darf es ein Streichholz in die Mitte legen, dann ist das nächste Kind dran. Wer dreimal ein Streichholz ablegen muss, ist beim nächsten Mal ausgeschieden, wenn er dann wieder keinen Begriff weiß. Gewonnen hat das Kind, das am Ende übrig bleibt.

Eine schöne Variante des Spiels ist es, ein riesiges „Schlangenwort" zu bilden, wie das berühmte „Donaudampfschifffahrtskapitänmützenband". Hier ist dann nicht nur Kreativität, sondern auch Konzentration gefragt.

Lustiger Brief

Das Spiel:

- *ab 9 Jahren*
- *drinnen*
- *ab drei Kindern*
- *Papier, Stift*
- *keine*
- *ca. 10 Minuten*

Wer verzapft hier den blühendsten Unsinn?

So wird gespielt:

Auf ein Blatt am linken Rand folgende Wörter untereinander schreiben: Liebe/r, ich, denn, Du, Immer, aber, Deine/r. Jedes Kind schreibt in einer Zeile hinter dem vorgeschriebenen Wort den Satz weiter. Dann faltet es das Blatt so, dass sein Geschriebenes nicht mehr zu sehen ist und gibt das Blatt an den Nachbarn weiter. Das geht reihum, bis der Brief zu Ende ist. Der Letzte in der Reihe darf den Brief auseinander falten und laut vorlesen.

Buchstabensalat

Das Spiel:

ab 9 Jahren
drinnen
ab fünf Kindern
Papier, Stift
Fragen und Antworten ausdenken
ca. 15 bis 30 Minuten

Hier sind die Buchstaben aber ganz schön durcheinander geraten

So wird gespielt:

Auf einen Zettel wird eine Frage geschrieben. Die Antwort steht auch gleich mit dabei, allerdings sind die Buchstaben etwas durcheinander geraten. Das Kind muss nun möglichst schnell herausfinden, was die richtige Lösung ist.

Beispiele:

Wer hat eine besonders dicke Haut? TNFLEEA (Elefant)

Wo ist ein Clown zu Hause? SIRUKZ (Zirkus)

Worin wird Hundefutter aufbewahrt? ESOD (Dose)

Womit geht ein Nichtschwimmer im Wasser nicht unter? MMLLÜSWICGEHF (Schwimmflügel)

Wie heißt der höchste Turm in Paris? RFLITUFEEM (Eiffelturm)

Was kühlt einen Hitzkopf ab? LUTEEESBI (Eisbeutel)

Hier ist in heißen Sommern richtig was los! BSWCIMAMDH (Schwimmbad)

Scherzfragen für Kindergeburtstage

Das Spiel:

ab 8 Jahren
drinnen
ab vier Kindern
evtl. Papier, Stift
Fragen und Antworten ausdenken
beliebig lang

Es ist einfach unwiderstehlich, sich über etwas den Kopf zu zerbrechen und dabei immer das Gefühl zu haben, der richtigen Lösung doch eigentlich ganz nahe zu sein. Oder?

So wird gespielt:

Scherzfragen vorbereiten oder die Vorschläge unten verwenden. Ein Kind wird als Moderator ausgewählt und darf die Fragen stellen. Es dürfen auch kleine Hinweise gegeben werden.

Beispiele:

1. Es hat zwei Flügel, kann aber nicht fliegen. Dafür hat es aber ein Bein und kann laufen. Das sieht aber nicht gut aus. (Nase)

2. Wer isst immer mit zwei Löffeln? (Hase)

3. Sie fährt trotz Rädern nicht fort. Sie hat eine Feder, aber damit schmückt sie sich nicht. Sie gibt Auskunft, spricht aber nicht, hat keine Hände und schlägt trotzdem regelmäßig. (Uhr)

4. Dieser Hut passt auf keinen Kopf. (Fingerhut)

5. Was ist an Rätselfragen gefährlich? (Man zerbricht sich darüber den Kopf)

6. Hat vier Beine und kann nicht laufen. Ist fertig, wird aber trotzdem jeden Tag gemacht. (Bett)

7. Warum regnet es nie zwei Tage hintereinander? (Dazwischen liegt immer eine Nacht)

8. Was kommt zweimal im Moment, einmal in der Minute, aber nie im Jahr vor. (Buchstabe M)

9. Was steht zwischen Berg und Tal? (Das „und“)

10. Wann essen Kinder am wenigsten? (Im Februar, weil der nur 27 bzw. 28 Tage hat).

11. Es hört, hat aber keine Ohren, spricht, hat aber keinen Mund und beherrscht alle Sprachen (Echo).

12. Was ist schwerer: ein Kilo Federn oder ein Kilo Blei? (Weder noch. Ein Kilo ist ein Kilo).

13. Was kann übers Wasser laufen, ohne nass zu werden? (Die Brücke)

14. Man kann es vorwärts- oder rückwärts lesen. Trotzdem bleibt es immer an der Seite. (neben)

15. Die Schwester deines Onkels ist nicht deine Tante. Wer mag es sein? (Mutter)

16. Wer lebt von der Hand in den Mund? (Zahnarzt)

17. Wer hört alles und sagt nichts? (Ohr)

18. Was ist der Unterschied zwischen einem Bäcker und einem Teppich? (Der Bäcker muss morgens aufstehen, der Teppich darf liegen bleiben).

Bei dieser Variante sollten die Kinder schon schreiben können. Die Fragen werden gestellt und jedes Kind denkt sich eine Antwort aus und schreibt sie auf. Anschließend werden die Lösungen reihum vorgelesen. Wer die meisten richtigen Antworten hat, bekommt ein kleines Präsent.

Noch zwei Klassiker: Welche Namen sind die besten? (Einnahmen) Bei welchem Kuss sitzen die Menschen im Kreis? (Zirkus)

Spiele zum Austoben

Die Symbole bedeuten

- *= Alter*
- *= Spielort*
- *= Teilnehmerzahl*
- *= Material*
- *= Vorbereitung*
- *= Spieldauer*

Kinder stecken voller Tatendrang und Energie – und manchmal wissen sie einfach nicht, wohin damit. Dann wird es Zeit zum Abkühlen – her mit den wilden Spielen zum Tollen und Austoben!

Dosenlauf

Das Spiel:

ab 5 Jahren
draußen
ab drei Kindern
für jedes Kind zwei leere Dosen, Schnur
einen Fingerbreit oberhalb des Dosenbodens zwei gegenüberliegende Löcher durch das Blech bohren. Dann eine stabile Schnur hindurchziehen. Die Schnur befestigen die Kinder dann an ihren Füßen, damit die Dose beim Laufen nicht abfällt.
ca. 10 Minuten

Ein gutes Gefühl für Balance ist schon fast die halbe Miete.

So wird gespielt:

Die Kinder stellen sich an den Start und laufen auf Kommando los. Unterwegs dürfen die Dosen dabei nicht verloren gehen. Wer also etwas langsam und sorgfältiger vorankommt, hat am Ende die besseren Chancen auch als Erster durchs Ziel zu gehen. Um die Sache noch etwas spannender zu machen, können unterwegs kleine Hindernisse eingebaut werden. Über einen schmalen Holzpfosten balancieren, aus Kisten eine kleine auf- und absteigende Treppe bauen usw. Hier kann man seiner Fantasie freien Lauf lassen.

Zeitbombe

Das Spiel:

- *ab 5 Jahren*
- *drinnen oder draußen*
- *ab fünf Kindern*
- *kleiner Küchenwecker*
- *keine*
- *pro Runde ca. 2 Minuten*

Gut, wenn man auch ohne Uhr weiß, wann ein oder zwei Minuten um sind.

So wird gespielt:

Ein Küchenwecker wird so eingestellt, dass er nach einer oder zwei Minuten klingelt. Dann wird er in einen Beutel gesteckt. Alle Kinder sitzen im Kreis und geben die „Zeitbombe“ von Spieler zu Spieler weiter. Irgendwann beginnt der Wecker zu rasseln. Derjenige, der den Beutel gerade in Händen hält, scheidet aus. Er darf aber weitermachen, wenn er kleines Kunststück zeigt, ein Lied singt oder ein Gedicht aufsagt.

Dieses Spiel hört sich gefährlicher an als es ist, aber natürlich ist es spannend und macht vor allem sehr viel Spaß! Ausdrücklich verboten ist es natürlich, die „Zeitbombe“ länger als absolut nötig in den Händen zu halten.

Fischers Fritze

Das Spiel:

- *ab 6 Jahren*
- *drinnen am Tisch*
- *ab fünf Kindern*
- *keines*
- *keine*
- *ca. 3 Minuten*

Wer nicht aufpasst, den „verspeist“ Fischers Fritze zum Abendessen.

So wird gespielt:

Die Kinder stehen oder sitzen am Tisch, möglichst nebeneinander in einer Reihe. Alle legen eine Hand flach auf den Tisch, die andere legen sie auf den Rücken. Ein vorher ausgewähltes Kind ist „Fischers Fritze“ und steht gegenüber den anderen Kindern. „Fischers Fritze“ streicht leicht über die Hände der anderen Kinder und erzählt dabei eine Geschichte aus seinem Arbeitsalltag:

Fischers Fritze fischt frische Fische.
Frische Fische fischt Fischers Fritze.
Doch den ganzen Tag voll Hoffen und Bangen
hat er noch keinen Fisch gefangen.

Beim Wort „gefangen“ versuchen alle Kinder, ihre Hände schnell wegzuziehen. Natürlich kann „Fischers Fritze“ dieses Wort hinauszögern, um die Spannung zu erhöhen und dann überraschend zuzugreifen. Das Kind, das schon vorher seine Hand wegzieht, muss für die Runde aussetzen. Wenn „Fischers Fritze“ zugreift und keine Kinderhand erwischt, darf er noch einmal. Fängt er ein Kind, muss sich dieses als der neue „Fischers Fritze“ auf die Jagd nach einem Fisch machen.

Wandelnde Schatten

Das Spiel:

- *ab 5 Jahren*
- *draußen*
- *ab vier Kindern*
- *keines*
- *keine*
- *ca. 15 Minuten*

Bei strahlend schönem Sonnenschein geht's am besten.

So wird gespielt:

Ein Kind wird als Jäger ausgewählt. Es muss nun versuchen, die anderen Kinder dadurch zu fangen, in dem es ihnen auf den Schatten tritt. Alle Kinder, die gefangen sind, schließen sich dem Jäger an. Die Strategie für die Gejagten? Am besten immer zwischen Schatten und Jäger stehen!

Schubsen und drängeln erlaubt

Das Spiel:

- *ab 6 Jahren*
- *draußen*
- *ab vier Kindern*
- *Kreide*
- *keine*
- *ca. 10 Minuten*

Wer immer schön in der Mitte bleibt, hält am längsten durch!

So wird gespielt:

Auf den Boden wird ein großer Kreis gemalt. Alle Spieler setzen oder hocken sich hinein und versuchen, sich gegenseitig aus dem Kreis zu schubsen. Erst wenn jemand mit beiden Füßen außerhalb des Kreises ist, scheidet er aus. Außerhalb des Kreises kann er versuchen, die anderen Spieler aus dem Kreis herauszuziehen. Er selbst darf den Kreis aber nicht mehr betreten. Gewonnen hat, wer als Letzter noch im Kreis ist. Damit es aber nicht zu wild wird und am Ende noch Tränen fließen, wird ein Schiedsrichter ernannt. Er passt auf, dass es niemand übertreibt. Will jemand aber gar nicht hören, wird er „disqualifiziert" und dann zum neuen Schiedsrichter ernannt.

Wasser-Fußball

Das Spiel:

- *ab 6 Jahren*
- *draußen*
- *ab zwei Kindern*
- *Tisch oder Tischtennisplatte, dazu Klebeband, eine Wasserpistole oder eine Sprühflasche pro Teilnehmer, ein leerer Joghurtbecher, einen oder mehrere große Eimer Wasser*
- *Ideal ist eine Tischtennisplatte, es geht aber auch ein alter, rechteckiger Gartentisch am besten mit einer Kunststoffplatte. Ersatzweise eignet sich als Belag aber auch eine Plastikdecke.*
- *2 x 10 Minuten oder länger*

Der Hit für einen heißen Sommer-Geburtstag, der auch den ganz Großen Spaß macht.

So wird gespielt:

Auf den beiden Längsseiten des Tisches mit Klebeband zwei Tore markieren. Wassereimer um den Tisch verteilen, zwei Mannschaften bilden. Dann wird ausgelost, wer Anstoß hat. Den Joghurtbecher mit der Öffnung nach unten aufstellen und mit der Wasserpistole draufspritzen, die Wasserfußballschlacht kann beginnen. Beide Teams versuchen nun, den Becher ins gegnerische Tor zu spritzen. Nach jedem Tor gibt es Anstoß, fällt der Joghurtbecher vom Tisch, gibt es dort, wo er heruntergefallen ist, Einwurf für die Mannschaft, die das „Aus“ nicht verschuldet hat. Freistoß gibt es für die gegnerische Mannschaft, wenn der „Ball“ versehentlich mit der Hand oder der Spritzpistole berührt wird. Wer will kann, auch noch mit Klebeband zwei Strafräume markieren. Wird in diesen Bereichen „foul“ gespielt, gibt es einen Elfmeter.

Natürlich werden sich die beiden Mannschaften auch gegenseitig mit Wasser bespritzen. Notfalls werden ein Schiedsrichter und sicherlich ein paar Handtücher benötigt.

Würfelspiele

Die Symbole bedeuten
= *Alter*
= *Spielort*
= *Teilnehmerzahl*
= *Material*
= *Vorbereitung*
= *Spieldauer*

Die Spannung steigt, noch ein Wurf mit der richtigen Augenzahl und alles ist entschieden. Kaum etwas finden Kinder aufregender als Würfelspiele. Aber egal, ob sie dabei auf Risiko oder kühle Kalkulation setzen – am Ende entscheidet doch immer das unbeeinflussbare und immer launische Schicksal oder Glück.

Ausgleichende Gerechtigkeit

Das Spiel:

ab 6 Jahren
drinnen
beliebig viele Kinder
ein Würfel, Streichhölzer, Papier und Stift
keine
beliebig lang

Wer wird bei diesem Spiel der Streichholz-König?

So wird gespielt:

Jeder Spieler bekommt fünf Streichhölzer. Dann darf jeder Spieler dreimal nacheinander würfeln. Dabei werden die Punktzahlen zusammengezählt. Wer die höchste Punktzahl hat, zahlt ein Streichholz in die Kasse. Dann beginnt die nächste Runde. Wer als Erster keine Streichhölzer mehr hat, bekommt alles, was in der Kasse war.

Die böse Eins

Das Spiel:

- *ab 6 Jahren*
- *drinnen*
- *beliebig viele Kinder*
- *ein Würfel, Papier und Stift*
- *keine*
- *beliebig lang*

Die Eins entscheidet, wer im Spiel bleiben darf oder ausscheiden muss. Deshalb ist es bei diesem Spiel besser, sie möglichst nicht zu würfeln … Viel Glück beim Würfeln!

So wird gespielt:

Maximal fünf Runden darf jedes Kind würfeln. Dabei wird nach jedem Wurf die Augenzahl notiert und dem bisherigen Punktestand zugefügt. Wer aber eine Eins würfelt, scheidet aus. Die bis dahin erreichte Punktzahl ist sein Endergebnis. Gewonnen hat nach fünf Runden, oder wenn vorher schon alle ausscheiden, der Spieler mit der höchsten Punktzahl. Haben zwei Spieler die gleiche Punktzahl, würfeln sie gegeneinander so lange weiter, bis einer von ihnen eine Eins würfelt.

Wer beim ersten Würfeln die höchste Augenzahl hat, darf anfangen.

Dreier raus

Das Spiel:

- *ab 7 Jahren*
- *drinnen*
- *beliebig viele Kinder*
- *ein Würfel, Papier und Stift*
- *keine*
- *beliebig lang*

Die Drei stoppt alles …

So wird gespielt:

Ein Kind beginnt mit einem Würfel zu würfeln. Bei jedem Wurf werden die Augen notiert. Nicht weiter gewürfelt werden darf erst dann, wenn eine Drei fällt. Geht auch mit zwei Würfeln. Dann ist Schluss, wenn ein Dreier-Pasch fällt.

Fensterln

Das Spiel:

ab 9 Jahren
drinnen
beliebig viele Kinder
ein Würfel, Papier und Stift
keine
beliebig lang

In diesem Spiel kommt keine Tür vor. Fensterklettern ist angesagt.

So wird gespielt:

Jeder hat drei Würfe mit einem Würfel. Es gelten allerdings nur die Zweien. Wird bei drei Würfen zweimal die Zwei hintereinander gewürfelt, zählt der ganze Wurf doppelt. Wird dreimal die Zwei gewürfelt, zählt der Wurf dreifach. Beispiel:
2 + 2 + 6 = 4; da zwei Zweien fallen doppelt, also 8 (die Sechs wird nicht mitgezählt).
2 + 2 + 2 = 6; da drei Zweien fallen, dreifach, also 18.

Bei diesem Spiel gibt es mehrere Varianten, die alle sehr viel Spaß machen.

Variante 1

Bauern-Fenster: Hier zählen nur die Vieren.

Variante 2:

Kirchen-Fenster: Hier zählen nur die Sechsen.

Um noch mehr Spannung ins Spiel zu bringen, können die Varianten auch untereinander kombiniert werden. Im ersten Wurf zählen dann nur die Zweien, im zweiten Wurf zusätzlich die Vieren und im dritten Wurf zusätzlich die Sechsen. Auch beim zweiten und dritten Wurf gelten weiterhin die Zweien. Somit würfelt man auch bei drei Zweien mit der „Fassade-Variante“ die höchste Punktzahl.

Macao

Das Spiel:

ab 7 Jahren
drinnen
beliebig viele Kinder
ein Würfel
keine
beliebig lang

Die Zwölf gewinnt. Hier braucht man vor allem viel Glück. Wer dreimal eine Sechs bekommt, hat Fortuna auf seiner Seite und ist der glückliche Würfelkönig.

So wird gespielt:

Gespielt wird mit einem Würfel. Dreimal muss gewürfelt werden, dabei muss man möglichst auf Zwölf oder so dicht wie möglich daran kommen. Wer über Zwölf würfelt, scheidet aus.

Plus-Minus

Das Spiel:

ab 7 Jahren
drinnen
beliebig viele Kinder
ein Würfel, Papier und Stift
keine
beliebig lang

Das Glück entscheidet, wie hoch die Punktzahl sein wird.

So wird gespielt:

Jeder Spieler würfelt neunmal hintereinander. Die ersten beiden Würfe werden zusammengezählt, der dritte, sechste und neunte vom bis dahin erwürfelten Punktestand abgezogen. Gewonnen hat am Ende der Spieler, mit der geringsten Zahl.

Nackter Spatz

Das Spiel:

- *ab 8 Jahren*
- *drinnen*
- *beliebig viele Kinder*
- *ein Würfel, Würfelbecher, ein Bierdeckel, Papier und Stift*
- *keine*
- *beliebig lang*

Hier würfelt jeder Spieler für seinen Nachbarn und entscheidet mit, wer gewinnt oder verliert.

So wird gespielt:

Der kleinste und/oder jüngste Spieler darf anfangen. Er schüttelt den Würfel im Becher, dann stülpt er den Becher auf einen Bierdeckel und stellt ihn auf den Tisch. Der linke Nachbar schaut nach, was gewürfelt wurde und schreibt sich die Punktzahl gut. Wenn jedoch eine Eins, der so genannte „Nackte Spatz“, drunterliegt, muss er sich von seiner bisherigen Punktzahl einen Punkt abziehen. Bekommt er gleich am Anfang eine Eins, muss er ins Minus zählen, dann steht also –1 auf seinem Zettel.

Hin und her

Das Spiel:

- *ab 8 Jahren*
- *drinnen*
- *beliebig viele Kinder*
- *Würfel, Papier und Stifte*
- *keine*
- *beliebig lang*

Wer dieses Spiel für sich entscheiden will, braucht Glück.

So wird gespielt:

Jeder Spieler bekommt ein Blatt Papier und einen Stift. Auf das Papier schreibt er die Zahlen von Eins bis Sechs auf. Dann wird gewürfelt. Die gewürfelte Zahl wird abgestrichen. Ist sie bereits abgestrichen, wird aber noch einmal gewürfelt, muss sie wieder hingeschrieben werden. Gewonnen hat am Ende, wer als Erster alle seine Zahlen durchgestrichen hat.

Alles oder nichts

Das Spiel:

ab 8 Jahren
drinnen
beliebig viele Kinder
ein Würfel, Papier und Stift
keine
beliebig lang

Anders als in der Schule ist die Eins bei diesem Spiel nicht sehr beliebt.

So wird gespielt:
Ein Kind beginnt zu würfeln. Die Fünf zählt 50 Punkte, die Zwei, Drei, Vier und Sechs jeweils die Augenzahl. Gewürfelt werden darf, so lange man will, das Maximum sind 300 Punkte. Man darf aber auch jederzeit abbrechen und sich die bis dahin erwürfelten Punkte anschreiben lassen. Wird nämlich vor dem Gutschreiben eine Eins würfelt, verfallen alle in der Runde gesammelten Punkte. Die in früheren Runden bereits gutgeschriebenen bleiben jedoch bestehen.
Klar ist, dass man sich dabei nur auf sein Glück verlassen kann. Aber eine gute Strategie kann es sein, sich die bereits gewürfelten Zahlen zu merken. Und je länger es her ist, dass eine Eins gefallen ist, desto größer wird die Gefahr, dass mit dem nächsten Wurf alles umsonst gewesen sein könnte. Eine Garantie ist das allerdings nicht, denn so ein Würfel macht, was er will, und das Ergebnis lässt sich nicht vorsehen.

Das Spiel kann auch umgekehrt gespielt werden. Jeder startet mit einem Guthaben von 300 Punkten und muss dann das Gewürfelte abziehen. Natürlich entscheidet auch hier wieder jeder Einzelne, wann er dies tun will. Wird die Eins gewürfelt, sind die bereits erzielten Punkte verloren. Gewonnen hat, wer als Erster auf Null ist.

Meiern

Das Spiel:

ab 9 Jahre
drinnen
beliebig viele Kinder
zwei Würfel, ein Würfelbecher, Filz, Streichhölzer, Papier und Stift
Beim Würfeln den Becher mit dem Filz zuhalten, dann den Becher auf den Filz drehen und vorsichtig nachschauen, was gewürfelt wurde. Wichtig: Die Würfel dürfen dabei nicht verändert werden.
beliebig lang

Dieses Spiel ist auch unter dem Namen „Mäxchen" bekannt. Man muss dabei mit ernstem Gesicht flunkern können.

So wird gespielt:

Beim „Meiern" muss man versuchen, immer eine höhere Zahl als derjenige zu würfeln, der vor einem dran war. Jeder Spieler bekommt als Knobel zehn Streichhölzer oder Bierfilze. Dann bekommt der erste Spieler Würfel, Becher und Filz und würfelt. Er schaut sich seine Zahl heimlich an und gibt den Würfelbecher und Filz so weiter, dass die Würfel nicht verdreht werden. Dabei sagt er, was er gewürfelt hat.

Der nächste Spieler kann jetzt die Zahl glauben, dann ist er mit dem Würfeln dran und muss eine höhere Zahl würfeln. Oder er kann die angegebene Zahl nicht glauben. Dann schaut er drunter. Hat der Zweifler recht, muss der Spieler vor ihm einen Knobel abgeben. Hat der Zweifel sich geirrt, muss er einen Knobel abgeben. Wer keinen Knobel mehr hat, ist in der „Hoffnungsrunde" und darf so lange weiterspielen, bis er einen weiteren Knobel abgeben müsste. Zum Schluss bleiben nur noch zwei Spieler übrig, die jetzt unter sich den „Ober-Meier" auswürfeln.

So wird gezählt: Wird zum Beispiel eine Drei und eine Fünf gewürfelt, ist die höhere Zahl, also die Fünf der „Zehnerwurf". Da es eine Fünf ist zählt dies also 50. Die kleinere Zahl sind die Einer, in diesem Fall sind es also Drei. Zusammen gerechnet ergibt der Wurf 53. Wird zum Beispiel eine Sechs und eine Zwei gewürfelt, ergibt der Wurf 62. Bei einer Vier und einer Drei sind es zusammen 43.

Fallen zwei gleiche Zahlen, ist dies ein „Pasch". Möglich sind Einser- bis Sechser-Pasch. Wird eine Eins und eine Zwei gewürfelt, ergibt dies nicht 21, sondern einen „Meier", die höchste Punktzahl im Spiel.

Auf und ab

Das Spiel:

- *ab 9 Jahren*
- *drinnen*
- *beliebig viele Kinder*
- *ein Würfel, Papier und Stift*
- *keine*
- *beliebig lang*

Bei diesem Spiel ist Rechenkunst gefragt. Und eine Portion Glück gehört auch dazu.

So wird gespielt:

Jeder Spieler hat sieben Würfe. Der erste und der zweite Wurf werden zusammengezogen, der dritte Wurf wird davon abgezogen. Der vierte Wurf wieder hinzugezählt, der fünfte Wurf wird wieder abgezogen, der sechste zugezählt und der letzte abgezogen. Der Spieler mit der höchsten Endzahl gewinnt, wer ins Minus gerät, scheidet aus.

Teilen

Das Spiel:

- *ab 9 Jahren*
- *drinnen*
- *beliebig viele Kinder*
- *zwei Würfel, Papier, Stifte*
- *keine*
- *beliebig lang*

Hier muss man gut im Kopfrechnen sein und den Überblick behalten.

So wird gespielt:

Jeder würfelt zweimal. Beim ersten Mal mit zwei Würfeln, beim zweiten Mal mit einem Würfel. Lässt sich die zweite gewürfelte Zahl durch die erste gewürfelte Zahl teilen (die Eins ist allerdings nicht erlaubt), bekommt der Spieler einen Punkt gut geschrieben. Wer zuerst 10 Punkte erreicht hat, gewinnt.

Wurfspiele

Die Symbole bedeuten

- = *Alter*
- = *Spielort*
- = *Teilnehmerzahl*
- = *Material*
- = *Vorbereitung*
- = *Spieldauer*

Ein gutes Auge, eine ruhige Hand und das richtige Timing: Wenn es um Geschicklichkeit geht, sind Wurfspiele die Königsdisziplin. Nur mit Konzentration und einer ruhigen Hand hat man Erfolg. Diese Spiele eignen sich wunderbar für Feste im Freien.

Rollerball

Das Spiel:

ab 4 Jahren
draußen
beliebig viele Kinder
Ball
keine
ca. 15 Minuten

Immer schön den Ball im Auge behalten und bloß nicht am Boden festwachsen.

So wird gespielt:

Die Kinder stellen sich im Kreis auf, dann wird ein Kind ausgewählt, das in die Mitte muss. Jetzt rollen die Kinder sich gegenseitig einen nicht zu großen Ball zu und das Kind im Kreis muss hochspringen, um nicht vom Ball getroffen zu werden. Es darf nicht zur Seite treten oder die Beine auseinanderspreizen. Wird das Kind vom Ball getroffen, darf das Kind, das zuletzt den Ball gerollt hat, in die Mitte.

Variante:

Wenn der Kreis etwas größer gewählt wird, kann auch mit zwei Bällen gespielt werden. Da muss das Kind in der Mitte dann besonders gut aufpassen.
Noch ein Tipp: Der Ball sollte nicht größer als ein Handball sein, dann können auch kleinere Kinder leichter darüber hüpfen.

Torwächter-Spiel

Das Spiel:

- *ab 5 Jahren*
- *draußen*
- *ab sechs Kindern*
- *ein Eimer, Gummibälle*
- *jedes Kind bekommt einen Gummiball. Er sollte so groß sein, dass er ohne große Probleme auch aus etwas Entfernung in den Eimer geworfen werden kann. Bei der Variante mit zwei Mannschaften reicht ein Ball.*
- *ca. 10 Minuten pro Runde*

Lässt sich der Wächter ablenken, treffen die Kinder leichter.

So wird gespielt:

Auf den Boden einen Kreis von etwa 1,5 Meter Durchmesser zeichnen. In die Mitte einen 10-Liter-Eimer stellen. Dann wird ein Kind zum Eimerwächter bestimmt. Es darf innerhalb des Kreises herumlaufen und muss den Eimer gegen die anderen Kinder verteidigen. Die haben nämlich einen Ball und versuchen, diesen in den Eimer hineinzuwerfen. Gelingt ihnen das, dürfen sie den Kreis betreten und sich ihren Ball wieder aus dem Eimer herausnehmen.

Variante:

Für jeden Treffer bekommt das Kind einen Punkt. Zusätzlich kann auch noch ein zweiter Kreis mit einem Abstand von etwa 1 Meter zum ersten aufgemalt werden. Wer dann aus größerer Entfernung trifft – so, wie beim Basketball – bekommt zwei statt einem Punkt.

Es kann auch mit zwei Mannschaften gespielt werden. Dann verzichtet man allerdings auf den „Eimerwächter". Stattdessen darf eine Mannschaft versuchen, den Ball in den Eimer zu werfen, während die andere verteidigt. Wenn die angreifende Mannschaft einen Punkt erzielt hat, wird gewechselt oder jede Mannschaft bekommt einen Eimer mit einem oder mehreren Kreisen drum herum.

Damit es dabei nicht so ruppig zugeht, gilt „handloses Spiel". Das heißt: Anfassen oder festhalten mit Hand und Arm ist verboten. Beinstellen oder mit dem Kopf stoßen natürlich auch.

Werfen mit Musik

Das Spiel:

- ab 5 Jahren
- draußen
- ab sieben Kindern
- ein Gummiball
- keine
- ca. 10 Minuten

Nicht lange überlegen, schnell werfen ist bei diesem Spiel Trumpf.

So wird gespielt:

Die Kinder stellen sich im Kreis auf und verschränken die Arme vor der Brust. Der Spielleiter stellt Musik an. Das Geburtstagskind bekommt einen Ball und sucht sich jetzt ein Kind aus, dem es den Ball zuwirft. Dann verschränkt es die Arme. Das Kind fängt ihn auf und darf ihn jetzt einem anderen Kind zuwerfen. Dann muss es die Arme wieder vor der Brust verschränken. Der Spielleiter schaut sich das Treiben eine Weile an, dann schaltet er die Musik ab. Wenn statt eines Erwachsenen ein anderes Kind die Musik an- und abschalten darf, sollte es nicht beim Werfen des Balles zuschauen. Das Kind, das den Ball in Händen hält, wenn die Musik abgeschaltet wird, scheidet aus.

Ist der Ball in der Luft und das Kind, das ihn fangen soll, hat die Arme noch verschränkt, dann muss dieses Kind ausscheiden.

Wurf und Tick

Das Spiel:

- ab 5 Jahren
- draußen
- ab fünf Kindern
- ein Ball
- keine
- ca. 1 Minute pro Runde

Wer schnell laufen kann, wird seltener getroffen.

So wird gespielt:

Das Geburtstagskind erhält den Ball, alle Kinder stellen sich im Kreis dicht um das Kind auf. Dann wirft das Kind den Ball in die Luft und ruft dabei: „Rette sich wer kann!“ Jetzt laufen alle anderen Kinder schnell davon. Sobald das Geburtstagskind den Ball fängt, ruft es „Stopp!“. Alle Kinder müssen sofort stehen bleiben und dürfen sich nicht mehr bewegen. Das Geburtstagskind sucht sich jetzt ein „Opfer“ aus und versucht, dieses mit dem Ball abzuticken. Das „Opfer“ versucht natürlich auszuweichen. Dabei darf es sich aber nicht von der Stelle bewegen. Wenn das Geburtstagskind Erfolg hat und das „Opfer“ abgetickt ist, muss dieses in die Mitte und die nächste Runde beginnt.

Ringewerfen

Das Spiel:

ab 5 Jahren
draußen
ab fünf Kindern
fünf Latten aus dem Baumarkt, Farbe, Ringe, Papier und Stift
Latten anmalen
ca. 30 Minuten

Triff den „König“ locker aus dem Handgelenk und sack die Punkte ein.

So wird gespielt

Fünf Holzlatten mit einer Länge von etwa 60 Zentimetern werden verschieden bunt bemalt und wie bei der Fünf auf einem Würfel in den Boden gesteckt. Der „König“ in der Mitte hat einen Wert von 30 Punkten, die beiden vorderen Latten einen Wert von jeweils 10 Punkten, die beiden hinteren von jeweils 20.

Geworfen wird mit drei Ringen (gibt's zum Beispiel in Strandspiel-Sets), dann werden die Punkte gezählt und aufgeschrieben. Gewonnen hat am Ende, wer die meisten Punkte wirft. Aufpassen, dass die Latten beim Aufstellen weit genug auseinander stehen, damit die Ringe problemlos über die Latte flutschen können. Die richtige Entfernung zum Werfen sollte man vorher ausprobieren. Die richtige Distanz hängt auch immer etwas davon ab, wie alt und wie geschickt die Kinder schon sind. Und schließlich soll's ja Spaß machen und nicht frusten, weil es zu schwer ist, oder langweilen, weil es zu einfach ist.

Dosenwerfen

Im Scherzartikelladen gibt es Bälle, die ihren Schwerpunkt nicht in der Mitte haben und beim Werfen deshalb ganz schwer ins Ziel zu bringen sind. Diese Bälle machen einen großen Spaß.

Das Spiel:

ab 5 Jahren
draußen
ab drei Kindern
zehn leere Konservenbüchsen, ein Tisch, drei Bälle
keine
ca. 10 Minuten

Wer am schnellsten abräumt, bekommt die meisten Punkte. Das Spiel ist ein Klassiker und auch auf jedem Rummelplatz zu finden.

So wird gespielt:

Zehn leere Konservenbüchsen werden zu einer Pyramide aufgestellt (unterste Reihe vier, dann drei, dann zwei, dann eine Dose). Dann darf jedes Kind aus ein bis 1,5 Meter Entfernung dreimal auf die Pyramide werfen, um möglichst alle Dosen abzuräumen. Für jede umgefallene Dose gibt es einen Punkt.

Wer gut zielt oder geschickt wirft, bekommt noch eine kleine zusätzliche Belohnung:

Kann das Kind schon mit dem ersten Wurf alle Dosen abräumen, bekommt es zu den 10 Punkten einen Bonus von 5 Punkten. Beim Abräumer mit dem zweiten Wurf gibt es einen Bonus von 3 Punkten, beim dritten Wurf einen Punkt.

Als „Bälle“ können zum Beispiel mit Papier oder Watte ausgestopfte Bälle, kleine Wollknäuel oder auch Sockenknäuel genommen werden.

Schnippen und schütteln

Das Spiel:

ab 7 Jahren
draußen
ab drei Kindern
fünf 20-Cent-Münzen oder andere Spielmünzen
keine
ca. 15 Minuten

Wer am besten zielt, darf sein Glück als Erster versuchen.

So wird gespielt:

Jedes Kind bekommt fünf 20 Cent-Münzen. Dann stellen sich alle Kinder etwa 1,5 Meter von einer Mauer oder Wand entfernt auf. Jetzt schnipst jedes Kind der Reihe nach eine Münze möglichst nah an die Wand. Zum Schnippen am besten die Münze auf den Daumen legen, mit dem Zeigefinger „spannen“ und dann loslassen. Das Kind, das seine Münze am dichtesten an die Wand bringt, darf anschließend als Erstes schütteln. Das Kind nimmt alle Münzen in die Hand, schüttelt sie und sagt „Kopf“ oder „Zahl“. Dann wirft es die Münzen auf den Boden. Die Münzen, die dann mit „Kopf“ oder „Zahl“ oben liegen, darf das Kind behalten. Dann ist das Kind dran, das mit seiner Münze am zweitnächsten dran war und verfährt genau so. Das geht so lange, bis alle Münzen verteilt sind. Dann wird die nächste Runde gespielt.

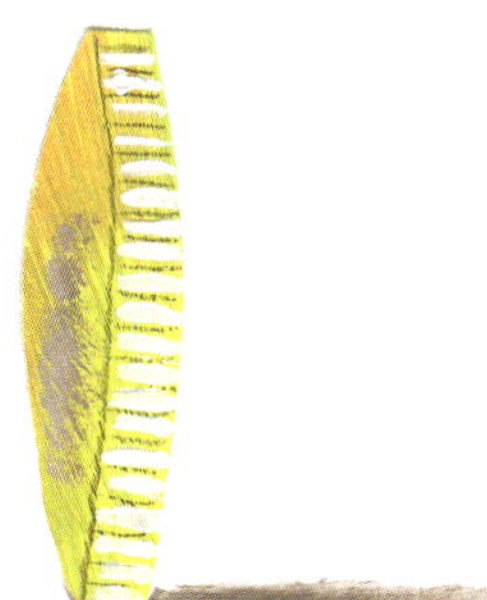

Punkte werfen

Das Spiel:

ab 7 Jahren
draußen oder drinnen
ab drei Kindern
Eierpappe, Tischtennisbälle, dicker schwarzer Filzstift
keine
ca. 10 Minuten

Hier wird der Eierpappen-Schützenkönig gesucht. Der Punktbeste bekommt bei der Siegerehrung die Eierpappen-Schützenkönig-Medaille verliehen.

So wird gespielt:

Einen leeren Eierkarton nehmen, in jeder Reihe in einige Mulden mit dickem Filzstift Punktzahlen zwischen 10 und 40 schreiben. Die Mulde in der Mitte ist das „Ochsenauge“ und bekommt eine 50. Den Eierkarton in etwas Entfernung auf den Boden legen. Jeder Spieler darf dann aus einer nicht allzu großen Entfernung – ideal sind etwa zwei Meter – dreimal mit einem Tischtennisball auf den Eierkarton werfen. Die erreichte Punktzahl notieren. Wer die höchste Punktzahl erreicht, gewinnt.

Murmel-Curling

Das Spiel:

ab 7 Jahren
draußen. Drinnen geht's auch, dann müssen die Ringe aber auf Papier gezeichnet werden.
ab acht Kindern
Murmeln
keine
ca. 10 Minuten

Scharfschützen aufgepasst! Lasst euch bloß nicht aus der Mitte vertreiben, sonst punkten die anderen.

So wird gespielt:

Ein kleiner Kreis von ca. 15 Zentimeter Durchmesser wird gezeichnet oder in die weiche Erde gedrückt. Genau in die Mitte kommt ein kleiner Punkt. Darum kommt ein größerer Kreis mit 25 Zentimeter Durchmesser. Die Kinder bilden Paare und losen die Begegnungen aus. Jedes Kind bekommt drei Murmeln. Ziel ist es, möglichst alle Kugeln pro Kind im kleinen Kreis zu platzieren. Dabei versucht natürlich jeder, die Kugeln der anderen Mannschaft aus dem inneren Kreis hinauszubugsieren. Das Team, das am Ende eine Kugel am dichtesten am Mittelpunkt hat, gewinnt das Spiel. Für jede weitere Kugel, die das Team im kleinen Kreis hat, bekommt es einen Punkt. Das Team, das zuerst 10 Punkte hat, gewinnt das Spiel und zieht in die nächste Runde ein.

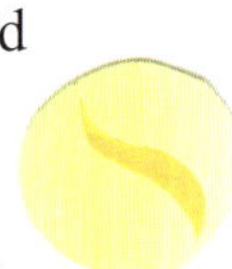

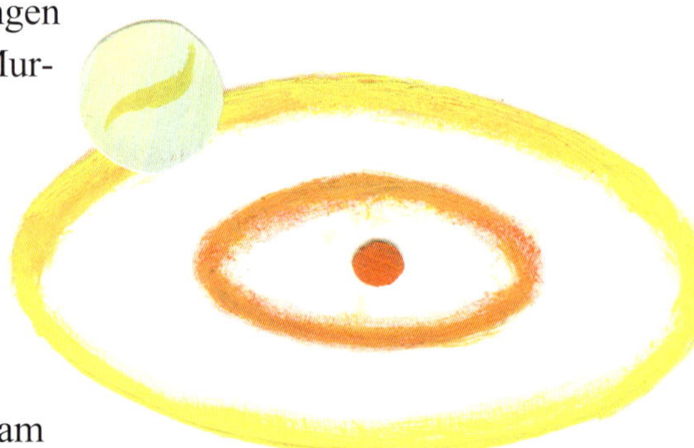

Raten und fangen

Das Spiel:

- *ab 7 Jahren*
- *draußen*
- *ab sechs Kindern*
- *ein Ball*
- *eventuell Fragen vorbereiten*
- *ca. 10 Minuten*

Zwei Dinge gleichzeitig tun – das ist gar nicht so einfach.

So wird gespielt:

Die Kinder stellen sich in einen großen Kreis. Das Geburtstagskind hat die Ehre des ersten Wurfs. Es spricht ein Kind direkt an und stellt eine Frage. Dann wirft es den Ball. Wenn das andere Kind den Ball fängt, muss es spätestens die Frage beantworten. Tut es das nicht oder lässt den fangbaren Ball fallen, muss es ein Pfand abgeben. Wird das Spiel so gespielt, dass ein Sieger für einen Preis gesucht wird, scheidet das Kind aus.

Wichtig: Die Fragen sollten so gestellt sein, dass sie schnell zu beantworten sind, zum Beispiel: „Den wievielten Geburtstag habe ich heute?“ oder: „Welche Haarfarbe hat meine Schwester?“ oder: „Was ist dein liebstes Auto?“

Spiele mit Luftballons

Vorsicht beim Werfen. Am besten sollte sich der Spielleiter Unterstützung holen, um Kinder und Pfeile immer im Blickfeld zu behalten.

Das Spiel:

- *ab 8 Jahren*
- *drinnen oder draußen*
- *ab vier Kindern*
- *Luftballons, Pfeile, kleine Gewinne (zum Beispiel kleines Spielzeug aus Überraschungseiern)*
- *zusätzlicher Betreuer, damit nichts passiert!*
- *ca. 20 Minuten*

Bei diesem Spiel ist Treffsicherheit gefragt. Und wer ein gutes Auge hat und erkennen kann, welche Gewinne in den Ballons warten, kann sich doppelt freuen.

So wird gespielt:

Etwa 16 bis 20 Luftballons aufblasen. In etwa die Hälfte werden Kleinigkeiten gesteckt. Dazu den Luftballon maximal ein Drittel aufblasen, dann die Gewinne hineinschieben.

Die „gefüllten" und die leeren Luftballons werden bunt durcheinander in Reih und Glied an eine Wand befestigt. Nacheinander dürfen dann die Kinder mit Pfeilen auf die Luftballons werfen. Wird ein Ballon mit Inhalt abgeschossen, gehört dem Schützen der Preis.

Variante:

Jeder Luftballon bekommt eine Nummer, dann werden sie durcheinander vor einer Wand befestigt (zum Beispiel 1, 8, 4, 12 etc.) Jetzt müssen die Ballons der Reihe nach zerschossen werden. Wer dabei einen falschen „herunterholt", muss ein Pfand abgeben. Für gute Schützen kann der Spielleiter auch vor dem Wurf die Zahl ansagen, die getroffen werden muss.

Abzählreime

Gruppenspiele ohne Abzählreime, das geht gar nicht. Hier die schönsten zum Aussuchen.

Amtmanns Bär,
Schickt mich her:
Ich soll holen, zwei Pistolen,
Eine für dich, eine für mich.
Ich bin ab und du noch nicht!

Ruckediguh, Blut ist im Schuh!
Die rechte Braut ist noch daheim,
Eins, zwei, drei, du musst es sein!

Lirum, larum, Löffelstiel,
Alte Weiber essen viel,
Die jungen müssen fasten,
Das Brot, das liegt im Kasten,
Das Mehl, das liegt im Taubenhaus,
Kommt 'ne Maus und trägt es raus,
Du bleibst hier und du musst raus!

Eine kleine Dickmadam,
Fuhr mal mit der Eisenbahn,
Eisenbahn, die krachte,
Dickmadam, die lachte,
Eins, zwei, drei und du bist frei!

Ene mene muh – und raus bist du!

Ene mene Rätsel,
Wer bäckt die Brezel,
Wer bäckt den Kuchen,
Der muss suchen!

Meine Güte, in der Tüte
Saß ein Kater, macht Theater;
Kam der Bär, macht noch mehr;
Kam die Maus – und du bist drauß'!

Ene mene Tintenfass,
Geh zur Schul und lerne was.
Wenn du was gelernt hast,
Komm nach Haus und sag mir was.
Eins, zwei, drei und du bist frei!

Ich und du, Müllers Kuh,
Müllers Esel, der bist du!

Ene mene muh – und raus bist du!
Raus bist du noch lange nicht,
Sag mir erst, wie alt du bist.

(Der „Erwählte“ sagt sein Alter, dann wird weiter abgezählt. Der Letzte ist raus!)

Eine kleine Mickymaus
Zieht sich ihre Hose aus.
Zieht sie wieder an –
Und du bist dran!

Pfänderspiele

Die Symbole bedeuten

= Alter
= Spielort
= Teilnehmerzahl
= Material
= Vorbereitung
= Spieldauer

Zu jedem turbulenten und lebhaften Geburtstag gehört, wie das Sahnehäubchen auf einem schönen Stück Kuchen, das Pfänderspiel. Schließlich soll ja jedes Kind auch das oder die Pfänder zurückbekommen, die es im Laufe des Nachmittags abgeben musste. Damit der Tag auch harmonisch und lustig ausklingt, dürfen die Aufgaben nicht zu schwer sein. Sie sollten die Kinder nicht überfordern, sondern vor allem Spaß machen. Hier ein paar Vorschläge, wie Pfänderspiele gespielt werden können und welche Aufgaben zu lösen sind.

Was soll dies Pfand in meiner Hand?

Das Spiel:

ab 5 Jahre
drinnen oder draußen
beliebig viele Kinder
eingesammelte Pfänder
keine
beliebig lang

Pfandeinlösen soll Spaß machen. Nicht nur dem, der sich das Spiel ausdenkt, sondern auch dem, der dann sein Pfand gern wiederhaben möchte.

So wird gespielt:

Dem Kind wird eine Aufgabe gestellt. Diese sollte möglichst seinem Alter angemessen und nicht zu schwierig sein. Wenn es diese erfüllt, bekommt es sein Pfand zurück. Alle während der Spiele abgegebenen Pfänder werden auf einen Haufen gelegt und zugedeckt. Dann greift der Spielleiter unter die Deck und nimmt ein Pfand. Er darf es aber noch nicht hervorziehen. Dazu kann er sagen:

„Was soll dies Pfand
In meiner Hand?
Was soll derjenige tun?"

Anschließend einigen sich alle Kinder, welche Aufgabe ausgeführt werden muss.

Oder die Aufgabe kann auch nach dem Zufallsprinzip (jede Aufgabe wird auf eine Karte geschrieben, die Karten werden gemischt und verdeckt hingelegt) gezogen werden.

Zu jeder Aufgabe, die erledigt werden muss, zieht der Spielleiter ein Pfand unter der Decke hervor und hält es hoch. Das Kind, dem das Pfand gehört, muss jetzt die Aufgabe erfüllen.

Hier ein paar Vorschläge:

- Auf einem Bein stehen und dabei einen Faden in kürzester Zeit in ein Nadelöhr einfädeln.
- Einen Stift in den Mund nehmen und auf ein Blatt Papier eine Figur malen.
- Speck schneiden: Das Kind setzt sich an einen Tisch und tut so, als würde es Speck schneiden. Dazu sagt das Kind: „Ich sitze hier und schneide Speck – wer mich liebt, der holt mich weg.“ Natürlich sollte man das Kind dann nicht allzu lange sitzen lassen.
- Ein Buch auf dem Kopf balancieren. Auf Kommando der anderen Kinder ein Bein heben oder in die Hocke gehen oder sich langsam im Kreis drehen.
- Unter einem Stuhl zweimal hindurchkriechen.
- Ein Lied singen.
- Auf einem Bein stehen, während die anderen Kinder bis 20 zählen. Das sollte aber auch nicht zu lange dauern.
- Sich im Schneidersitz auf den Boden setzen und aufstehen, ohne dabei die Hände zu benutzen.
- Eine Rolle vorwärts oder rückwärts machen.
- Rückwärts von Zehn zählen.
- Das ABC rückwärts aufsagen (je nach Alter).
- Ein Rätsel lösen, das ein anderes Kind aufgibt.
- Ganz schnell fünf Tiere nennen, die Gras fressen.
- Zehn Tiere, die ein Fell haben.
- Einen Keks essen und dabei ein Lied pfeifen.
- Zwei Bewegungen gleichzeitig ausführen, zum Beispiel hüpfen und dabei in die Hände klatschen.
- Die Zunge herausstrecken und zu einem „U“ rollen.
- Abwechselnd mit dem linken und rechten Auge blinzeln.
- Zweimal hintereinander ganz schnell einen Zungenbrecher aufsagen. Zum Beispiel:

„Der Flugplatzspatz nahm auf dem Flugblatt platz.
Auf dem Flugblatt platz nahm der Flugplatzspatz“

oder:

„Der Leutnant von Leuten befahl seinen Leuten, nicht eher zu läuten, bis der Leutnant von Leuten seinen Leuten das Läuten befahl.“

Dieser ist besonders schwierig:

„Sie war die teichigste Teichmuschel unter allen teichigen Teichmuscheln im Teichmuschelteich.
Unter allen teichigen Teichmuscheln im Teichmuschelteich war sie die teichigste Teichmuscheln.“

Noch mehr Zungenbrecher:

Die Katze tritt die Treppe krumm,
die Treppe tritt die Katze krumm.

Esel essen Nesseln nicht, Nesseln essen Esel nicht.

Blaukraut bleibt Blaukraut und
Brautkleid bleibt Brautkleid.

Fischers Fritze fischt frische Fische, frische Fische fischt Fischers Fritze.

Zwischen zwei Zwetschgenzweigen zwitschern zwei Zeisige, zwei Zeisige zwitschern zwischen zwei Zwetschgenzweigen.

Borstenbürsten mit schwarzen Borsten bürsten besser als Borstenbürsten mit weißen Borsten.

Zwölf zischelnde Schlangen schlängeln sich zwischen zwei spitzen Steinen.

Ein kranker Krebs kriecht krächzend über einen krummen Kreidefelsen, über einen krummen Kreidefelsen kriecht krächzend ein kranker Krebs.

Der Cottbusser Postkutscher putzt den Cottbusser Postkutschkasten auf dem Cottbusser Postkutschenhof.

Welcher Metzger wetzt sein Metzgermesser am Wetzstein des Metzgermessers?

Braunes Bier brauen Bierbrauerburschen, Bierbrauerburschen brauen braunes Bier.

In Ulm, um Ulm und um Ulm herum, um Ulm, in Ulm und um Ulm herum.

Zweites Kapitel

Spiele für die Kleinen

Einfacher Spiele-Spaß

Die Symbole bedeuten
= Alter
= Spielort
= Teilnehmerzahl
= Material
= Vorbereitung
= Spieldauer

Frühestens wenn die Kinder drei Jahre alt werden, können Eltern die erste Geburtstagsfeier ausrichten. Die Kleinen sind dann in einem Alter, indem sie langsam anfangen, sich für andere Kinder intensiver zu interessieren, und auch mit ihnen zusammen spielen. Und, was fürs Spielen natürlich ganz besonders wichtig ist: Dreijährige sind durchaus schon in der Lage, einfache Spielregeln zu befolgen.

Schätze suchen

Das Spiel:

ab 3 Jahren
Sandkiste. Als Variante auch drinnen
ab zwei Kindern
Murmeln, Muscheln, Steine, Plastiktierchen, Papier, Sieb, Schaufel
Schatz zusammenstellen
ca. 30 Minuten

Früh übt sich, wer ein echter Schatzsucher werden will.

So wird gespielt:
In der Sandkiste Murmeln, Muscheln, Steine und kleine Plastiktierchen in den Sand drücken Die Kinder dürfen dann nach und nach den Sand ins Sieb schaufeln und durchsieben, bis die Schätze zum Vorschein kommen.

Variante:
Statt Sand aus Zeitungs- und Toilettenpapier einen Haufen bilden, in dem die Schätze versteckt werden. Die Kinder dürfen sich dann draufstürzen und alles durchwühlen.

Ich hör doch ein Geräusch

Das Spiel:

ab 3 Jahren
drinnen
ab drei Kindern
Wecker oder Spieluhr
Wecker oder Spieluhr so verstecken, dass die kleinen Kinder leicht daran kommen
ca. 5 Minuten

Irgendwo tickt hier doch was?

So wird gespielt:

Den Kindern eine kleine Geschichte erzählen. Vom Wecker oder der Spieluhr, die sich verirrt haben und jetzt nicht mehr wissen, wo sie sind. Aber wenn die Kinder genau aufpassen, ist das Ticken oder die Melodie zu hören. Und so finden die Kinder ganz schnell heraus, wo der Wecker oder die Spieluhr stecken.

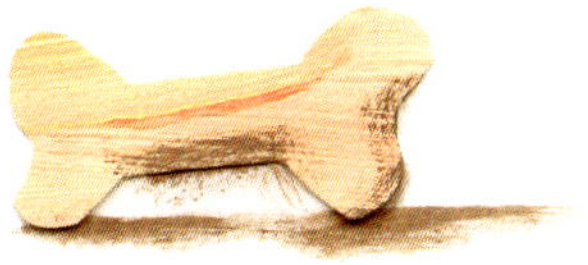

Waldi und sein Knochen

Das Spiel:

ab 3 Jahren
drinnen
ab vier Kindern
Augenbinde, Stofftier
keine
ca. 5 Minuten pro Runde

Hier kann auch ein größeres Kind den Waldi spielen.

So wird gespielt:

Ein Kind wird ausgewählt und ist der Hund „Waldi". Waldi werden die Augen verbunden, weil er schon so alt ist und gar nicht mehr gut schauen kann. Aber „Waldi" hat einen „Knochen" (zum Beispiel ein Plüschtier) und den bewacht er, so gut er kann. Dazu hat er auch allen Grund, denn die Kinder wollen ihm seinen „Knochen" nur allzu gern wieder wegnehmen.

Wenn das Spiel beginnt, wird Waldi sein „Knochen" auf den Rücken gesetzt. Nacheinander dürfen die Kinder jetzt versuchen, Waldi den „Knochen" wegzuschnappen. Sie nähern sich möglichst leise, aber Waldi passt natürlich gut auf. Sobald er anfängt, das Kind anzubellen oder zu knurren, ist der Versuch gescheitert und der nächste kleine Knochendieb darf sich versuchen. Sobald es einem Kind gelungen ist, Waldi den „Knochen" wegzunehmen, ist es der neue Waldi und darf jetzt seinen Schatz verteidigen.

Fingerspiele

Das Spiel:

ab 3 Jahren
drinnen oder draußen
beliebig viele Kinder
eventuell Fingerpuppen
keine
ohne Begrenzung

Die Kleinen lieben Fingerspiele.

Die Finger

Das ist der Daumen,
Der schüttelt die Pflaumen,
Der liest sie auf,
Der trägt sie nach Haus,
Und dieser Kleine hier,
Der isst sie alle auf!

Eins, zwei, drei

Eins, zwei, drei,
So rühren wir den Brei,
So knacken wir die Nuss,
So schaben wir Gemüs,
So binden wir die Schnur,
So fegen wir den Flur,
So melken wir die Kuh,
So putzen wir die Schuh,
So flicken wir das Kleid,
So sägen wir zu zweit,
Unsere guten beiden Händen,
Machen der Arbeit schnell
ein Ende!

Die Tätigkeiten werden vom Erwachsenen und vom Kind gemeinsam dargestellt. Bei „Unsere guten …“ heben beide die Hände in die Luft und drehen sie hin und her.

Das Schleckermäulchen

Auf dem Tisch, auf dem Tisch,
Steht ein Töpfchen Milch, ganz frisch!
Das Kätzchen will was davon lecken,
Es trinkt und schlappt und schleckt.
Da kann's das Köpfchen nicht mehr recken,
Weil's plötzlich fest im Töpfchen steckt!
Mit dem Töpfchen
Auf dem Köpfchen
Läuft es in den Schnee hinaus.
Stolpert über Stein – pardauz! –,
Und der Topf, der springt entzwei,
Da ist das Kätzchen wieder frei!

Eine Hand des Kindes ist das Katzenköpfchen, eine Hand des Erwachsenen formt erst das Milchschüsselchen, dann den dicken Stein. So wird die Geschichte mitgespielt.

Das Vogelnestchen

In der Hecke, auf dem Ästchen,
Baut der Vogel sich ein Nestchen,
Legt hinein zwei Eier fein,
Brütet aus zwei Vögelein.
Die rufen beide piep, piep, piep
Mutter, Vater, seid so lieb
Und bringt uns viele Würmelein!

Kommt eine Maus

Kommt eine Maus,
Die baut ein Haus,
Kommt ein Mückchen,
Die baut ein Brückchen,
Kommt ein Floh,
Der macht – so!

Mit den Händen erst ein Haus, dann eine Brücke formen. Der Floh kitzelt das Kind dann am Bauch.

Trippel-trappel-Mäuschen

Trippel-trappel-Mäuschen,
In unserem Häuschen
Sind ganz viele Mäuschen,
Die trippeln und trappeln,
Die zippeln und zappeln,
Die stehlen und naschen,
Und will man sie haschen –
Husch, sind sie weg!

Die zehn Finger sind die zehn Mäuschen, die auf dem Kind zippeln und zappeln. Beim letzten Vers verschwinden sie hinter dem Rücken des Erwachsenen.

Daumesdick

Das ist der Daumen Daumesdick,
Das sieht man auf den ersten Blick.
Und schließ ich meine Hand zur Faust,
Schlüpft Daumesdick zurück ins Haus.
Schnarcht, dass alle Balken krachen,
Komm näher ran, aber bloß nicht lachen!

Erst wird mit dem Daumen gewackelt, dann schließt man ihn in der Faust ein. Kommt das Kind näher um zu gucken und zu horchen, zwickt man es leicht am Ohr.

So ein Petzer!

Der ist in den Busch gegangen,
Der hat den Hasen gefangen,
Der hat ihn heimgebracht,
Der hat ihn gebraten,
Und der hat's verraten!

Nacheinander werden, beim Daumen beginnend, alle Finger angetippt.

Kniereitervers

Pferdchen, lauf Galopp

Hopp, hopp, hopp,
Pferdchen, lauf Galopp,
Über Stock und über Steine,
Aber brich dir nicht die Beine.
Hopp, hopp, hopp,
Pferdchen, lauf Galopp.

Brr, brr, he,
Steh, doch Pferdchen, steh!
Sollst schon heut noch weiterspringen,
Muss dir erst noch Futter bringen.
Brr, brr, he,
Steh doch, Pferdchen, steh!

Klapp, klapp, klapp,
Pferdchen, lauf im Trab,
Auf und ab, hin und her,
Das ist doch nicht wirklich schwer.
Klapp, klapp, klapp,
Pferdchen, lauf im Trab.

Britt, britt, britt,
Pferdchen, geh im Schritt.
Darfst ein wenig jetzt verschnaufen
Damit du später schnell kannst laufen.
Britt, britt, britt
Pferdchen, geh im Schritt.

Bewegungsspiele

Zu diesen Spielen passen sehr gut Kinderlieder von einer Musik-CD.

Vierfüßler

Das Kind stellt sich mit seinen Füßen auf die Füße des Erwachsenen, beide halten sich an den Händen fest. Das Kind muss jetzt das Gleichgewicht halten, während der Erwachsene langsam hin und her geht, mal größere, mal kleinere Schritte macht.

Kettenkarussell

Der Erwachsen greift von hinten unter den Armen des Kindes durch und umfasst vor der Brust des Kindes, sein linkes Handgelenk mit der rechten Hand. Dann dreht sich der Erwachsene um die eigene Achse, dabei die Arme mit dem Kind hoch und runter heben, mal schneller, dann wieder langsamer werden.

Wer kommt in meine Arme?

Das Kind stellt sich auf einen Stuhl, der Erwachsene breitet die Arme aus und fragt: „Wer kommt in meine Arme?“ Jetzt springt das Kind hinein. Kann man auch draußen spielen. Der Erwachsene geht ein kleines Stück vor, geht in die Knie, breitet die Arme aus und ruft: „Wer kommt in meine Arme?“

Register

Spiele für die Kleinen

Spiele von 4 bis 6 Jahren

Spiele von 7 bis 9 Jahren

Spiele ab etwa 10 Jahren